Saison heimischer Lebensmittel

Lagerware heimischer Lebensmittel   Importware

Lebensmittel	JAN	FEB	MÄR	APR	MAI	JUN	JUL	AUG	SEP	OKT	NOV	DEZ
Meerrettich									SEP	OKT	NOV	
Möhren						JUN	JUL	AUG	SEP	OKT		
Paksoi												
Paprika							JUL	AUG	SEP	OKT		
Pastinaken	JAN	FEB	MÄR						SEP	OKT	NOV	DEZ
Petersilienwurzel									SEP	OKT		
Pfifferlinge						JUN	JUL	AUG	SEP	OKT	NOV	
Radicchio							JUL	AUG	SEP	OKT		
Radieschen				APR	MAI	JUN	JUL	AUG	SEP	OKT		
Rettich					MAI	JUN	JUL	AUG	SEP	OKT	NOV	
Rosenkohl	JAN								SEP	OKT	NOV	DEZ
Rote Beete	JAN	FEB	MÄR	APR	MAI	JUN	JUL	AUG	SEP	OKT	NOV	DEZ
Rotkohl	JAN	FEB				JUN	JUL	AUG	SEP	OKT	NOV	DEZ
Rucola				APR	MAI	JUN	JUL	AUG	SEP	OKT	NOV	
Sauerampfer					MAI	JUN	JUL	AUG				
Schwarzwurzel										OKT	NOV	DEZ
Shiitake												
Spargel					MAI	JUN						
Spinat				APR	MAI	JUN	JUL	AUG	SEP	OKT	NOV	
Spitzkohl					MAI	JUN	JUL	AUG	SEP	OKT	NOV	
Stangensellerie						JUN	JUL	AUG	SEP	OKT	NOV	
Steckrüben										OKT	NOV	
Steinpilze						JUN	JUL	AUG	SEP	OKT		
Süßkartoffeln												
Teltower Rübchen										OKT	NOV	DEZ
Tomaten							JUL	AUG	SEP	OKT		
Topinambur	JAN	FEB	MÄR							OKT	NOV	DEZ
Weißkohl / Wirsing	JAN	FEB	MÄR	APR	MAI	JUN	JUL	AUG	SEP	OKT	NOV	DEZ
Zucchini						JUN	JUL	AUG	SEP	OKT		
Zwiebeln							JUL	AUG	SEP	OKT		

Sabine Wacker ist Heilpraktikerin mit Medizinstudium und erstem Staatsexamen. Sie hat sich auf Ernährungsberatung und Entgiftung spezialisiert. Zusammen mit ihrem Mann hat sie Basenfasten – die Wacker-Methode® entwickelt. Sie ist Autorin mehrerer Bücher zu den Themenkreisen Basenfasten, Entgiften und Schüßler-Salze. Infos zu Basenfasten: www.basenfasten.de.

Sabine Wacker

Basenfasten
Das große Kochbuch

Gesund abnehmen, entschlacken und satt werden:
über 170 Genießer-Rezepte

Basenfasten-Basics

Gesund, lecker, sättigend – Basenfasten entsäuert wirksam und nebenbei nehmen Sie bis zu 4 Kilo in einer Woche ab. Der Organismus wird im Vergleich zum Heilfasten wesentlich weniger strapaziert und Sie fühlen sich auch während der Fastenzeit rundum wohl.

Leckere basische Rezepte

Phantasievolle 100 Prozent basische Rezepte mit lauter gesunden und leckeren Zutaten – für jeden Geschmack und für jede Saison ist hier etwas dabei. Die Gerichte schmecken auch nach dem Basenfasten und helfen im Alltag, kleine Säuresünden auszubügeln.

Rezepte für jede Saison

Mit über 170 Rezepten kommt beim Basenfasten viel Abwechslung auf den Tisch. Es ist für jeden Geschmack und für jedes Zeitbudget etwas dabei. Die Einteilung in Jahreszeiten hilft Ihnen, alle Zutaten frisch und aus der Region zu bekommen.

131

Die Zeit nach dem Basenfasten

Retten Sie Ihre Anregungen aus der Basenfastenzeit in Ihren Alltag und Gesundheits- und Gewichtsprobleme gehören der Vergangenheit an. Erhalten Sie Ihren Erfolg, indem Sie die guten Säurebildner ganz langsam wieder in Ihren Speiseplan aufnehmen.

Liebe Leserinnen und Leser!

Basenfasten – die Wacker-Methode® ist eine alltagstaugliche Fastenform für alle, die schon immer einmal fasten wollten, es aber nicht schaffen, eine Woche nichts zu essen. Basenfasten heißt: Essen, satt werden, genießen und bis zu 4 kg Gewicht loswerden – in einer Woche. Die Methode Basenfasten wurde von meinem Mann, Dr. med. Andreas Wacker, und mir entwickelt. Basenfasten ist das Fasten mit Obst und Gemüse. Doch wer weiß schon, wie man mit Obst, Gemüse, Samen, Keimlingen, kaltgepressten Pflanzenölen und frischen Kräutern leckere Gerichte zubereiten kann? So ganz ohne Fleisch, Fisch, Wurst, Schinken, Käse, Sahne oder Zucker?

Die Entwicklung neuer, phantasievoller 100 Prozent basischer Rezepte stand deshalb von Anfang an im Mittelpunkt, und das Interesse meiner Leser und Kursteilnehmer daran wächst von Tag zu Tag. Ein Basenfasten-Kochbuch war daher längst überfällig und ich freue mich, dass es nun bereits in der 2. Auflage erscheint: Ein Buch voll mit gesunden, leckeren rein basischen Rezepten für jeden Geschmack. Übrigens sollten Sie dieses Buch nach Ihrer Basenfastenwoche nicht in die Ecke legen: Diese Gerichte schmecken auch nach Basenfasten und helfen im Alltag, kleine Säuresünden auszubügeln.

Nun wünsche ich Ihnen viel Freude mit diesem Buch und viel Erfolg mit Basenfasten und einen guten Appetit.

Mai 2010
Sabine Wacker

Basenfasten-Basics

Basenfasten ist eine milde Form des Fastens, die den Körper entlastet. Wenn Ihr Leben zu »sauer« geworden ist, dann genügt es in den meisten Fällen, wenn Sie alle sauer wirkenden Nahrungsmittel, also die Säurebildner, für eine begrenzte Zeit aus Ihrem Speiseplan entfernen, um einen deutlichen Entschlackungseffekt zu erzielen.

BASENFASTEN-BASICS

Was Sie über Basenfasten wissen sollten

Gesund, lecker, sättigend – Basenfasten entsäuert wirksam, trägt zum deutlichen Wohlbefinden bei, und nebenbei nehmen Sie bis zu 4 Kilo in einer Woche ab. Der absolute Vorteil dieser Fastenart ist, dass der Organismus im Vergleich zum traditionellen Heilfasten wesentlich weniger strapaziert wird und Sie sich auch während der Fastenzeit rundum wohl fühlen können.

Hauptsache basisch

Wenn Sie nur Säfte oder Gemüsebrühe zu sich nehmen, wie dies bei einer traditionellen Fastenkur der Fall ist, wird der Stoffwechsel heruntergefahren. Beim Basenfasten dagegen essen Sie eigentlich ganz normal – Sie verzichten lediglich auf alle säurebildenden Nahrungsmittel. Dadurch geht die Stoffwechselarbeit unverändert weiter, nur die Belastungsfaktoren fallen weg. Der Effekt: Eine Entgiftung findet genauso statt wie beim traditionellen Fasten, und ohne Mühe und mit einem schönen Sättigungsgefühl können Sie bis zu vier Kilo in einer Woche verlieren. Das kommt natürlich all den Fastenwilligen entgegen, die zu starken Heilkrisen neigen. Basenfasten wird viel besser vertragen und lässt sich leicht in jeden noch so stressigen Alltag einbauen. Grundsätzlich ist alles erlaubt, was der Körper basisch verstoffwechselt. Dies sind im Wesentlichen Obst, Gemüse und Kräuter. Pflanzenöle werden neutral verstoffwechselt und sind daher erlaubt. Aber natürlich kommt es auf die Zusammensetzung und die Menge an.

Der ewige Kampf um die Pfunde

Statistisch gesehen ist kaum eine Frau mit ihrer Figur zufrieden. Das hängt sicher mehr mit den Schönheitsidealen zusammen, die in unseren Köpfen spuken, als mit der tatsächlichen Figur. Eine gute Figur ist zum einen vom Körpergewicht, zum anderen vom Muskelzustand abhängig. Wenn Sie also Ihre Idealfigur anstreben, dann gilt: Pfunde purzeln lassen durch Ernährungsumstellung und Muskeltraining – mit anderen Worten: Bewegung. Beide Methoden zusammen funktionieren, und zwar nur dann, wenn Sie auf langfristig setzen. Machen Sie keine schnellen Fett-weg-Diäten, die Ihren Stoffwechsel stressen, um danach wieder Fastfood zu essen, welches Ihr Bindegewebe übersäuert. Und bleiben Sie dran am Sport. Nur durch regelmäßig betriebene Bewegung können Sie – in Verbindung mit vitalstoffreicher Ernährung – dauerhaft die Muskulatur und das Bindegewebe festigen.

Wer übergewichtig ist und mehr als 4–6 Kilo abnehmen möchte, hat mit Basenfasten eine hervorragende Methode an der Hand, sein Gewicht dauerhaft zu reduzieren. Die vielen positiven Erfahrungen in der Praxis haben gezeigt, dass gerade die Ernährungsumstellung, die hinter dem Konzept Basenfasten steckt, wesentlich zum Erfolg beiträgt. Eigentlich legt man eine einwöchige Basenfastenzeit ein, doch wenn Sie dauerhaft Gewicht verlieren möchten, erfordert es zunächst eine Verlängerung des 7-Tage-Programms um 1 bis 4 Wochen. Ein tägliches Bewegungsprogramm von 30–45 Minuten rundet das Programm ab – so purzeln die Pfunde nach und nach, und die lästigen Figurprobleme gehören bald der Vergangenheit an. Danach wird die Ernährung nach der 80:20-Regel auf überwiegend basisch umgestellt (S. 130).

In meinem Buch »Basisch essen – leicht gemacht« finden Sie jede Menge wichtiger Infos und Tipps sowie leckere Rezepte für die Zeit nach dem Basenfasten – eine Inspirationsquelle für das basenreiche schlanke und gesunde Leben.

Warum Säuren schädlich sind

Wenn Sie sich jahrelang von zu viel Säurebildnern ernähren, also von Nahrungsmitteln, die sauer verstoffwechselt werden, dann muss Ihr Körper die überschüssigen Säuren, die er nicht mehr ausscheiden konnte, zwischenlagern, bis er die Möglichkeit hat, sie auszuscheiden. Eine beliebte Zwischenlagerstätte ist das Bindegewebe, ein Art Umschlagplatz für den Stoffwechsel, wodurch u. a. die gefürchtete Orangenhaut entsteht; doch auch in den Gelenken werden Säuren abgelagert, was zu Gicht, Arthrose und Gelenkentzündungen aller Art, auch Rheuma, führt. Solange Sie immer noch zu viele Säurebildner zu sich nehmen, bleiben diese Säureüberschüsse im Körper und stören ihn bei seinen täglichen Stoffwechselarbeiten. So können Säureablagerungen im Bindegewebe auch hormonelle Störungen bewirken, was dann zu Zyklusstörungen, prämenstruellem Syndrom oder zu verstärkten Wechseljahresbeschwerden führen kann. Auch Migräne ist eine mögliche Folge solcher gestörter Stoffwechselprozesse.

Säurebildner entziehen dem Körper Mineralien

In kleinen Mengen ist die Zufuhr von Säuren aus der Nahrung kein Problem für den Organismus: Er kann vieles ausgleichen, und auch Säuren werden bis zu einem gewissen Grad im Stoffwechsel benötigt. Bei großen Mengen dagegen muss der Organismus auf seine Basendepots zurückgreifen, um die überschüssigen Säuren auszugleichen. Wenn Sie daher ständig Säurebildner wie Fleisch, Wurst, Käse, Süßigkeiten, Kaffee und/oder Softdrinks zu sich nehmen, verbrauchen Sie eine Menge Basen aus den Basendepots. Auf die

---

INFO

Basen machen gesund

Bereits mit 1 oder 2 Wochen Basenfasten schaffen Sie in Ihrem Organismus eine wichtige Grundlage, um gesund zu werden oder zu bleiben. Wenn Sie nach der Basenfastenkur zu einer Ernährungsweise übergehen, die viele Basenbildner, also viel Obst und Gemüse, enthält, dann haben chronische Erkrankungen bei Ihnen kaum noch Chancen. Denn: Die Erfahrungen zeigen, dass chronische Erkrankungen stets mit einer Übersäuerung einhergehen. Es gibt unzählige Erfolgsberichte von Basenfastern, deren chronische Beschwerden sich gebessert haben oder ganz verschwunden sind.

Besonders bei Kopfschmerzen, Magen-Darm-Beschwerden und Infektanfälligkeiten verzeichnen wir mit Basenfasten große Erfolge. Frauen, die Probleme mit ihrer Regelblutung oder mit den Wechseljahren haben, bekommen mit Basenfasten eine sanfte Therapie an die Hand. Auch zur Osteoporoseprophylaxe tragen Basenbildner in der Nahrung entscheidend bei. Nach einigen Jahren Erfahrung mit Basenfasten kann ich sagen, dass sich diese schonende und milde Fastenart bei allen chronischen Erkrankungen als hilfreich erwiesen hat. So gibt es Erfolge bei folgenden Erkrankungen:

- Allergien
- Arthrose
- Asthma
- chronischen Nasennebenhöhlenentzündungen
- chronischen Nierenerkrankungen
- chronischen Schmerzen
- hormonellen Störungen
- Infektanfälligkeit
- Magen-Darm-Erkrankungen
- Migräne
- Neurodermitis
- Osteoporose
- Rheuma
- Schlafstörungen
- Verstopfung
- Wechseljahresbeschwerden

BASENFASTEN-BASICS

Dauer führt dies zu einem Basenmangel. Doch was genau sind diese Basen? Es sind unsere lebenswichtigen Mineralstoffe wie beispielsweise Kalzium. Die Knochen sind unser größter Basenspeicher im Körper – in Form von Kalziumphosphat. Und hier liegt das Problem. Diese Basendepots sind von der Natur nicht dafür gedacht, unsere Säuresünden auszugleichen. Sie haben andere wichtige Funktionen im Organismus zu erfüllen. Lediglich in Notsituationen werden die Phosphate aus den Knochen auch als Blutpuffer herangezogen, um den Säure-Basen-Haushalt im Blut stabil zu halten. Die eigentliche

▼ Probieren Sie während der 1–2 Wochen Basenfasten auch einmal Gemüsesorten aus, die Sie noch nicht kennen, beispielsweise Topinambur oder Butterrübchen.

Funktion von Kalziumphosphat ist aber, die Stabilität der Knochen zu erhalten. Verschiebungen im Säure-Basen-Gleichgewicht führen daher zu Kalziumverlust im Knochen.

Basen machen die Knochen stark

Das Kalziumphosphat in den Knochen ist eine der wichtigsten Stützsubstanzen und verantwortlich für die Härte des Knochens. Die Folgen des Kalziumverlustes sind daher: schwindende Knochendichte bis hin zur Osteoporose und erhöhter Knochenbruchgefahr. In welchem hohen Maße sich eine basenreiche Kost auf die Stabilität der Knochen auswirkt, zeigt eine neuere Studie: Bei 12-jährigen Mädchen, die bislang viel Obst verzehrt haben, konnte eine deutlich höhere Knochendichte nachgewiesen werden als bei einer Vergleichsgruppe mit einem minimalen Obstkonsum.

Der Magen: Produktionsstätte für Basen

Der Magen produziert Magensäure – das weiß jeder. Dass er neben der Magensäure auch jede Menge Basen (Bikarbonate) herstellt, wissen nur wenige. Dabei ist diese Funktion so wichtig für eine reibungslose und vollständige Verdauung. Immer wenn der Magen Säure für die Verdauung herstellt, entstehen dabei auch Basen, die aber im Verdauungsprozess sofort wieder verbraucht werden. Ohne diese Basen könnten die Verdauungsenzyme der Bauchspeicheldrüse nicht optimal arbeiten. Bei dauerhaft zu säurelastiger

Ernährung bekommen die Verdauungsenzyme zu wenig Basen ab und die Nahrung wird nicht mehr vollständig verdaut. Die vom Magen gebildeten Bikarbonate machen den Bauchspeichel basisch, damit seine Enzyme ihre volle Wirkung entfalten können. Werden aber die Basen zum Abfangen von Säuren gebraucht, leiden diese Körperfunktionen darunter. Viele Verdauungsprobleme haben ihre Ursache in einem Basenmangel als Folge der Übersäuerung. Wenn Sie daher Probleme mit Ihrer Verdauung haben, sollten Sie es mal mit einer Basenfastenwoche probieren. Denn die Verdauung und mit ihr der Stoffwechsel sind durch Basenmangel in der Nahrung mit am stärksten betroffen.

Unreine Haut? Ein Grund mehr für eine Basenwoche!

Vor allem in der Pubertät, aber auch später sind viele Frauen von unreiner Haut geplagt. Meist verschwinden die Probleme mit Ende der Teenagerzeit von alleine. Ist dies nicht der Fall, dann verordnen viele Frauenärzte ein Hormonpräparat, um die »hormonbedingten« Hautunreinheiten in Schach zu halten. Dass eine überwiegend basische Ernährung selbst hartnäckige Akne dauerhaft beseitigt, haben wir in unserem ersten Buch »Gesundheitserlebnis Basenfasten« am Beispiel einer 36 Jahre alten Patientin gezeigt, die seit ihrem 10. Lebensjahr an Akne litt. Seit 3 Jahren hat sie – dank Basenfasten und basenüberschüssiger Ernährung – keine Hautprobleme mehr. Kursteilnehmerinnen berichten immer wieder von Hautverbesserungen, die bereits nach wenigen Tagen Basenfasten sichtbar sind. Eine Kursteilnehmerin erzählte am letzten Kursabend erfreut, dass Kolleginnen sie am 5. Basenfastentag auf ihre plötzlich so glatte und strahlende Haut angesprochen haben.

Sind wir wirklich alle übersäuert?

Eigentlich geht es uns doch gut: Wir Westeuropäer leben in einer Wohlstandsgesellschaft und unsere Lebensqualität nimmt täglich zu. Wir führen keinen echten Existenzkampf mehr und genießen den Komfort einer modernen Zivilisationsgesellschaft. Leider haben wir bei allem Komfort auch die Schattenseiten mitgebucht. Denn die Qualität unserer Lebensmittel, unserer Lebensweise und auch unserer sozialen Kontakte nimmt in rasantem Maße ab. Das ist eine traurige Tatsache, deren Folgen sich unter anderem in einer stetigen Zunahme chronischer Erkrankungen niederschlägt.

> ### INFO
>
> ### Wie stelle ich fest, ob ich übersäuert bin?
>
> Natürlich ist es möglich, verschiedene Tests durchzuführen. Der gebräuchlichste Test ist die pH-Wert-Bestimmung des Morgenurins, der alleine allerdings keine Aussage über den Zustand des Säure-Basen-Haushaltes macht. Ob Sie übersäuert sind, können Sie mit diesem Gesundheitsschnellcheck ganz gut selbst feststellen. Beantworten Sie sich in Ruhe folgende Fragen:
>
> - Bin ich frei von chronischen Krankheiten?
> - Ich leide nicht unter Migräne, Allergien, Rheuma, Asthma
> - oder an einer anderen chronischen Erkrankung?
> - Bin ich im Allgemeinen frei von Schmerzen?
> - Ist meine Haut rein und strahlend?
> - Habe ich glänzendes und schwungvolles Haar?
> - Sind meine Nägel glatt, glänzend, fest?
> - Fühle ich mich nach ausreichendem Schlaf erfrischt?
> - Ist meine Verdauung in Ordnung?
> - Sind meine Körperausdünstungen angenehm?
> - Steht meine Schweißbildung in einem angemessenen Verhältnis zu meinen körperlichen Aktivitäten?
> - Fühle ich mich im Großen und Ganzen gesund und vital?
>
> Wenn Sie sich diese Fragen alle mit ja beantwortet haben, dann können Sie davon ausgehen, dass sich Ihr Organismus im Säure-Basen-Gleichgewicht befindet. Wenn Sie hingegen an einer chronischen Erkrankung leiden, beispielsweise an einer Pollenallergie, dann ist Ihr Organismus übersäuert.

Säurebildner aus dem Supermarkt

Gehen Sie nur einmal offenen Auges durch einen Supermarkt und sehen Sie sich den Inhalt der Regale an: Konserven, Fertiggerichte, riesige Fleisch-, Wurst- und Käsetheken, Milchprodukte mit Zucker und Aromastoffen, Limonaden, gesüßte Fruchtsäfte, Alkohol, Kaffee, Süßigkeiten, Tiefkühlpizzas und vieles mehr. Ernährungstechnisch gesehen sind dies alles Säurebildner. Diese erzeugen im Organismus bei ihrer Verdauung chemische Verbindungen, die sauer reagieren. Für unsere Gesundheit ist es aber von großer Bedeutung, dass wir auch in optimaler Menge Basenbildner zuführen. Dies ist umso wichtiger, da der Körper zwar jederzeit Stoffe in Säuren umbauen kann, bei den Basen aber auf die Zufuhr über die Nahrung angewiesen ist.

Basenbildner liefert die Natur: Fast alle Pflanzen und pflanzlichen Produkte mit wenigen Ausnahmen reagieren im Körper basisch. Auch Algen, Samen sowie einige Nüsse wie Mandeln und frische Walnüsse wirken basenbildend.

BASENFASTEN-BASICS

◄ Frische Keimlinge, auch Getreide- und Hülsenfrüchtekeimlinge sind während des Basenfastens erlaubt.

80 : 20-Regel: 80 Prozent der Nahrungsmittel sollten basisch, lediglich 20 Prozent der Nahrungsmittel sollten sauer reagieren. Betrachten wir uns nun unter diesem Aspekt die Gemüse- und Obstecken, die in vielen Lebensmittelgeschäften ein klägliches und unfrisches Dasein führen, dann wird schnell klar, wo das Problem liegt. Wer will sich schon überwiegend von einem blassen, welken Feldsalat ernähren, der in dem fahlen Neonlicht, das ihn beleuchtet, noch blasser erscheint? (Davon abgesehen, dass der Nährwert solcher überdüngter Produkte zu wünschen übrig lässt.) Und natürlich muss es schnell gehen – also greifen wir zu Fertigprodukten, und das Ergebnis sieht dann meist so aus: Die moderne Zivilisationskost enthält zu 80 Prozent Säurebildner. Wenn wir uns dann lange genug so ernähren, werden wir irgendwann sauer. Mit anderen Worten: Wenn Sie sich heutzutage »normal« ernähren, sind Sie automatisch übersäuert. Wenn Sie jedoch nicht übersäuert sein wollen, müssen Sie aktiv etwas dafür tun.

Mein Tipp: Kaufen Sie Ihr Gemüse auf dem Wochenmarkt und ziehen Sie sich Ihre Sprossen zu Hause auf der Fensterbank selbst. So sind Ihnen Ihre Vitalstoffe garantiert.

Hochwertige, also kaltgepresste Pflanzenöle, reagieren neutral und sind daher erlaubt. Tierische Produkte dagegen, vor allem Fleisch, Fisch und Milchprodukte, aber auch stark verarbeitete Produkte aus Weißmehl und Zucker werden im Körper sauer verstoffwechselt.

Die 80 : 20-Regel

Der schwedische Forscher Ragnar Berg (1873 – 1956) gilt als Begründer der Basentheorie und empfahl, täglich 5-mal mehr Basen als Säuren zu sich zu nehmen – eine Theorie, die sich seit nun über 90 Jahre in der Praxis bewährt hat. Daher spricht man auch von der

So funktioniert Basenfasten

Basenfasten funktioniert ganz einfach: Sie verbannen für 1 oder 2 Wochen alle Säurebildner (S. 17) von Ihrem Speiseplan und schon beginnt der Körper, überschüssige Säuren loszuwerden. Im Prinzip ist es kinderleicht und lässt sich prima in Ihren Alltag integrieren. In diesem Buch finden Sie eine große Auswahl an schnellen und einfachen Rezepten, aber auch an aufwändigen und raffinierten – beispielsweise für Gäste. Doch nicht nur was Sie essen, auch wie Sie essen und wie Sie Ihren Basenfastentag gestalten, trägt entscheidend zum Erfolg von Basenfasten bei. Daher mein Tipp: Lesen Sie die folgenden Basics und die 10 goldenen Wacker-Regeln aufmerksam durch. Für alle Basenfasten-Einsteiger gilt: Keine Panik, wenn Sie das ein oder andere Basic während der Basenfasten-plus-Woche nicht in die Tat umsetzen können. Am besten betrachten Sie die Basics als Orientierung. Die wichtigsten Basics sind 100 Prozent basische Ernährung und die Darmreinigung. Wenn Sie die Darmreinigung unter den Tisch fallen lassen, dann kommt es in den ersten Tagen gerne zu Blähungen und Verdauungsstörungen – auch Kopfschmerzen sind möglich.

Motivation

Die Motivation ist der Motor, damit Sie mit Erfolg Basenfasten können. Motivation basiert auf Freiwilligkeit. Und wenn Sie sich freiwillig zu 1 Woche Basenfasten entschließen, dann sind Sie schon motiviert. Manchmal reicht die Motivation nicht für eine ganze Woche und Sie müssen sich an manchen Tagen etwas Motivierendes einfallen lassen. Vielleicht eine Belohnung? Eine schicke Hose, wenn die Pfunde gepurzelt sind? Oder ein Wellnesstag? Denken Sie einfach daran, wie gut diese Woche Ihrem Körper und Ihrer Seele tut. Das reicht oft schon aus. Besinnen Sie sich wieder auf Ihre ursprüngliche Motivation – warum wollten Sie noch mal basenfasten? Ah ja, genau – weil … Auch das hilft.

100 Prozent basisch

Dieses Basic ist ein Muss. Denn darin unterscheidet sich Basenfasten von all den Säure-Basen-Diäten, die auf dem Markt sind. Basenfasten ist 100 Prozent basenbildend – ohne Kompromisse. Durch den völligen Verzicht auf Säurebildner können die abgelagerten Säuren endlich mobilisiert und ausgeschieden werden – vorausgesetzt, Sie trinken genügend. Auf S. 20 finden Sie alle Lebensmittel, die Sie während des Basenfastens zu sich nehmen dürfen. Und im großen Rezeptteil (S. 39) gibt's eine breite Auswahl an rein basischen Rezepten.

Grüne Küche zum Genießen

Genuss ist untrennbar mit gutem Essen verbunden. Und warum sollte gesundes Essen nicht genießbar sein? Es ist die mangelnde Phantasie, die in den Küchen der Menschen ewig dieselben Gerichte entstehen lässt: viel Fleisch, Nudeln, Käse, Sahne und ein wenig Salat gegen das schlechte Gewissen. Doch liebevoll angerichtet am gemütlich gedeckten Tisch macht auch gesundes Essen Spaß. Und noch eins: Kauen Sie gründlich! Wenn Sie wirklich gut und langsam kauen, dann steigert sich der Genuss des Essens. Wenn Sie Ihr Essen schnell herunterwürgen, bekommen Sie den Geschmack doch kaum mit und können es nicht genießen.

Nicht vernachlässigen: Bewegung

Die Bedeutung regelmäßiger Bewegung ist leider noch nicht genügend ins Bewusstsein vieler Menschen getreten. Und diejenigen, die es wissen, verhalten sich meist so wie beim Thema gesunde Ernährung: »Ich weiß, ich sollte …« Das reicht leider nicht ganz aus. Wenn Sie ein Bewegungsmuffel sind, dann nehmen Sie sich doch wenigstens für die Basenfasten-Woche ein Bewegungsprogramm vor. Setzen Sie sich täglich ein Ziel: Jeden Tag eine ¾ Stunde im Park spazieren gehen. Das genügt schon völlig. Das Ziel muss realisierbar und in Ihren Alltag integrierbar sein. Wenn Sie Zeit haben, schwimmen zu gehen und danach einen Saunabesuch zu machen, ist das natürlich wunderbar. Tun Sie es! Auch Gymnastik oder Methoden wie Yoga, Tai-Chi und Qigong eignen sich gut. Der Vorteil dieser Techniken ist, dass hierbei automatisch die Atmung mitberücksichtigt wird und der Geist zur Ruhe kommt. Da hierbei auch der Stoffwechsel, die Durchblutung und alle Körperfunktionen harmonisiert werden, ist die Wirkung umfassend.

Quellwasser und Kräutertee – trinken ist wichtig

Beim Basenfasten kommt es vor allem darauf an, durch eine hohe Trinkmenge eine möglichst gute Durchspülung des Körpers zu erreichen. Dadurch können Stoffwechselgifte und Schlacken leichter und schneller den Körper verlassen.

Das Einhalten der empfohlenen Trinkmengen von zwei bis 3 Litern beim Basenfasten fällt vielen Menschen nicht leicht. Dabei trägt Trinken zur schnelleren Gewichtsabnahme bei. Aber was genauso wichtig ist: Trinken durchspült die Lymphe und die Nieren und nur so können unerwünschte Stoffe den Körper auch verlassen. Empfohlene Trinkmenge während des Basenfastens:

- 2,5 bis 3 Liter pro Tag, und zwar reines Quellwasser und stark verdünnte Kräutertees

Wenn Sie Wert auf ein wirklich gutes Wasser legen, das auch die Entgiftung gut unterstützt, dann sollten Sie sich im Reformhaus oder in Naturkostläden umschauen. Dort gibt es Lauretana, ein reines Hochgebirgswasser aus dem Monte Rosa Massiv, das ohne Druck abgefüllt wird und die Nierentätigkeit stark anregt – mein persönlicher Favorit und auch der meiner Söhne. Seit es dieses Wasser bei uns gibt, trinken beide je 2,5 – 3 Liter Wasser pur. Auch Mont Roucous (Reformhaus) und Plose sind hochwertige Quellwässer, die zur Entgiftung beitragen.

Trinken Sie
- den 1. Liter für den Vormittag bis zur Mittagspause
- den 2. Liter für den Nachmittag bis zum Feierabend
- den 3. Liter für den Feierabend.

Stellen Sie sich für jeden der drei Zeitabschnitte eine 1-Liter-Flasche Wasser oder eine 1-Liter-Thermoskanne Wasser oder Kräutertee zurecht und nehmen Sie sich vor, bis zum Ende des jeweiligen Zeitabschnitts alles getrunken zu haben.

Kräutertee: aber welcher?

Sie können Ihre erforderliche Trinkmenge von 2,5 – 3 Liter aber auch mit Kräutertee abdecken – allerdings mit stark verdünntem, d. h. 1 Beutel Tee auf 1 Liter Wasser. Als Teesorten kommen alle Kräutermischungen infrage, die wirklich nur aus einheimischen Kräutern ohne Zusätze bestehen. Bitte bedenken Sie: Auch eine Kräuterteemischung hat eine Heilwirkung, denn alle Kräuter, auch Pfefferminze und Zitronenmelisse haben eine gesundheitsfördernde Wirkung. Verwenden Sie deshalb möglichst keine Einzelteesorten wie

Pfefferminztee oder Kamillentee in größeren Mengen. Wenn Sie während der Basenfastenwoche einen speziellen Heiltee trinken möchten, wie beispielsweise Brennnesseltee, dann trinken Sie bitte pro Tag immer nur 1 oder 2 Tassen davon. Achtung: Früchtetees reagieren im Organismus sauer und Roiboos kann in großen Mengen den Kreislauf schwächen. Dies sind empfehlenswerte Fertigtees:

- Morgengruß, Kräuter- und Abendtraum der Firma Lebensbaum
- Everstaler 24 Kräutertee
- Basen-Balance-Tee von Salus

▶ Ein wirklich gutes Wasser unterstützt auch die Entgiftung.

BASENFASTEN-BASICS

Erholen Sie sich!

Gönnen Sie sich in der Basenfastenwoche genügend Schlaf und Ruhephasen. Durch ausreichende Erholung entsäuern und entgiften Sie Ihren Organismus. Die beste Erholung bekommen wir nachts. Hier sorgen der Stoffwechsel und die Leber für die Entgiftung, die Haut und das Nervensystem erholen sich vom Tagesstress. Voraussetzung ist, dass der Schlaf ausreichend ist, das heißt 8–9 Stunden. Der Schlaf vor Mitternacht hat eine größere Erholungskraft als der nach Mitternacht. Versuchen Sie daher, während der Basenfastenwoche früh ins Bett zu gehen. Für den reibungslosen Ablauf der Stoffwechselvorgänge in der Nacht ist das von großem Nutzen. So kann der Körper am nächsten Morgen die Säuren gut ausscheiden.

Tipps für einen erholsamen Schlaf:

- Abends keine »aufregenden« Tätigkeiten mehr, sondern etwas, das Sie beruhigt und entspannt. Wenn Sie noch ein wenig lesen wollen, dann wählen Sie ein beruhigendes Buch und vor allem: Arbeiten Sie nicht bis spät in die Nacht.
- Wenn Ihnen nachts zu viele Gedanken und zu viele unerledigte Dinge im Kopf herumgehen, schaffen Sie sich ein Tagebuch an und schreiben Sie diese Gedanken nieder, dann sind sie aus Ihrem Kopf, und Sie können in Ruhe schlafen.
- Was auch hilft: ein entspannendes Bad am Abend, ein Aromabad mit Honig und Mandel, ein Ölbad mit Lavendel oder mit Melisse. Wenn Sie am Abend ein Basenbad machen –

Säurebildende Nahrungsmittel

jede Art Fleisch, Wurstwaren, Schinken	Fleischbrühe
alle Fische und Schalentiere	Milchprodukte (auch fettarme) sowie Quark, Joghurt, Kefir und alle Käsesorten
Ei, Eiweiß	Senf und Essig
Hülsenfrüchte auch Soja, Spargel, Rosenkohl, Artischocken	alle Nüsse außer Mandeln und frischen Walnüssen
Vollkornprodukte	alle Weißmehlprodukte, graue Brötchen
Teigwaren, Nudeln	geschältes und poliertes Getreide
polierter Reis	Margarine
gehärtete, raffinierte Fette und Öle, billige Salatöle	kohlensäurehaltige Getränke (auch Mineralwässer)
Softdrinks wie Limonaden, Cola	Bohnenkaffee
Schwarzer, grüner, weißer Tee, Matetee	Früchtetee
Alkohol	Eis
Fertigprodukte, die Säurebildner enthalten	alle Süßigkeiten, insbesondere die mit Fabrikzucker hergestellten

wie das Bullrich's Vital Wellnessbad –, dann erzielen Sie damit einen doppelten Effekt.

Säurebildner sind tabu

Alle säurebildenden Lebensmittel sind während des Basenfastens tabu. Das ist – wie schon bei den Basics erwähnt – ganz entscheidend für den Erfolg dieser Woche. Aber was sind denn Säurebildner? Hier sind all die Lebensmittel, die der Körper zu Säuren umbaut.

Die folgenden Lebensmittel sind keine Säurebildner, aber dennoch beim Basenfasten nicht erlaubt:
- Rohmilch, Sahne und Butter
- Knoblauch
- Roiboostee

Auch die Lebensweise beeinflusst den Säure-Basen-Haushalt. Nicht umsonst sagt man: »Ich bin total sauer auf …«. So ist nicht nur Stress säurebildend, auch Ihre Gefühle zeigen an, wie basisch oder wie sauer Sie sind. Deshalb: Stressen Sie sich nicht und gehen Sie das Basenfasten »locker« und gut motiviert an. Freuen Sie sich darauf, dass Sie am Ende wieder in Ihre Lieblingsjeans passen und dabei den Körper entgiftet haben – schöne Gedanken entsäuern. Weitere Säurebildner:
- Geschäftsessen
- Bewegungsmangel
- Elektrosmog
- Leistungssport
- Schlafmangel
- Angst, Wut, Ärger, Stress

Die 10 goldenen Wacker-Regeln

Diese Regeln, die Sie auch in unseren ersten Büchern finden, helfen Ihnen, Basenfasten wirklich zu einem Gesundheitserlebnis zu machen. Wenn Sie diese Regeln beachten, vertragen Sie die basischen Lebensmittel viel besser, als wenn Sie alles wild durcheinander essen. Denn, beim Basenfasten kommt es nicht nur auf das »Obst-und-Gemüse-Essen« an, sondern vor allem auf das »Wie« und auf das »Wann«.

Regel 1
Rohkost nur, wenn Sie es vertragen

Dass Rohkost gesund ist, weiß jeder. Wenn Sie Rohkost aber nicht gut verdauen können, dann belastet das Ihren Darm und das ist nicht gesund. Achten Sie deshalb genau auf Ihren Körper: Wenn Sie oft mit Blähungen oder Schmerzen auf Rohes reagieren, dann sollten Sie das Gemüse lieber schonend dünsten. Wenn Sie unempfindlich sind, dann können Sie rohes Obst und Gemüse nach Herzenslust – bis 14 Uhr – verzehren.

Regel 2
Obst und Rohes nur bis 14 Uhr

Und daraus folgt die 2. Wacker-Regel: Nach 14 Uhr behindert Rohkost die Leber bei ihren internen Stoffwechselarbeiten und ist dadurch schwerer verdaulich. Gesunde merken das nicht direkt. Darmempfindliche spüren das jedoch in Form von Blähungen, Verstopfung oder Durchfall. Essen Sie frisches Obst der Saison immer nur auf nüchternen Magen – also idealerweise zum Frühstück.

Regel 3
Essen Sie nach 18 Uhr nichts mehr

Was nach 18 Uhr gegessen wird, geht auf die Hüften und es überfordert die Leber. Der interne Stoffwechsel der Leber ist in der Nacht besonders aktiv und kann, wenn er nicht durch zusätzliche Mahlzeiten gestört wird, nachts für Ihre Entgiftung sorgen. So arbeitet Ihr Körper für Sie, während Sie schlafen.

Regel 4
So naturbelassen wie möglich

Da beim Erhitzen Vitalstoffe verloren gehen, ist es wichtig, dass Sie Ihre Gemüsegerichte besonders schonend zubereiten. Lassen Sie Gemüse nie ganz weich werden und braten Sie nicht zu viel. Am schonendsten können Sie Gemüse im »Gemüsedämpfer« zubereiten. Das ist ein Edelstahltopf mit einem Siebeinsatz, in dem das Gemüse nicht im Wasser liegt, sondern nur durch den Dampf gegart wird. Das schont die Vitalstoffe und erhält dadurch das volle Gemüsearoma. Und: Es geht ganz schnell.

Regel 5
Essen Sie nicht zu viel

Die Faustregel heißt: Essen Sie so wenig wie möglich und nur so viel wie nötig! Und wenn es noch so basisch ist – zu viel ist immer ungesund. Versuchen Sie, langsam und bewusst zu essen, und kauen Sie sehr gründlich. Auf diese Weise verhindern Sie, dass Sie Ihr Essen hinunterschlingen und nicht merken, wann Sie eigentlich schon satt sind. Ich schreibe nicht vor, wie viel Sie essen, denn eines der Basenfastenziele ist, dass Sie Ihre Wohlfühlessmenge selbst herausfinden.

Regel 6
Bitte keine wilden Mischungen

Simplify your life – das sollte auch für die Küche gelten. Je weniger Nahrungsmittel Sie mischen, umso intensiver können Sie den Geschmack erleben. Das ist ein anderer Kick für die Geschmacksnerven – der pure Geschmack der Natur. Verwenden Sie pro Mahlzeit möglichst nur zwei oder drei Obst- oder Gemüsesorten.

Regel 7
Würzen Sie dezent

Wenn Sie zu stark würzen, irritieren Sie damit Ihre Geschmacksnerven – das lässt Sie unter anderem das Gefühl für Sättigung verlieren. Das ist auch der Grund, weshalb ich den intensiven Knoblauch trotz seiner vielfältigen Gesundheitswirkung beim Basenfasten nicht empfehle. Knoblauch übertönt durch die enthaltenen Sulfide jeden Gemüsegeschmack. Kräuter – vor allem frische Kräuter – sind die optimalen Würzmittel. Würzen Sie Ihre Speisen zunächst mit Kräutern und schmecken Sie dann mit Meersalz oder einem anderen Salz ab. So halten Sie den Salzverbrauch niedrig. Kräutersalzmischungen sind ebenfalls empfehlenswert. Auch frische Sprossen dienen der Geschmacksverfeinerung.

Regel 8
Essen Sie keines der Gerichte, wenn Ihnen gerade nicht danach ist

Ideal: Gehen Sie auf den Wochenmarkt, lassen Sie sich von den verlockenden Obst- und Gemüseangeboten der Saison verführen und kaufen Sie aus dem Bauch heraus die Sorten, auf die Sie spontan Lust haben. Mir geht es meist so: Ich stelle mir zu Hause ein leckeres Gemüsegericht vor, finde dann aber genau diese Gemüsesorte auf dem Markt nicht so frisch vor wie in meiner Vorstellung. Dafür liegt daneben ein anderes Gemüse, das mich sehr anspricht – das ich dann schließlich kaufe.

▶ Salat mit Blüten: Wildkräuter für den Salat können Sie im Frühling sogar selber pflücken.

Regel 9
Essen Sie mehr Gemüse als Obst – und zwar nur reifes

Nur reifes Obst und Gemüse wird basisch verstoffwechselt und enthält genügend basische Mineralstoffe. Dies ist einer der Gründe, weshalb ich die Gemüse- und Obstsorten der Saison vorziehe. Sie finden hinter meinen Rezepten jeweils einen Hinweis, zu welcher Jahreszeit das Rezept passt. Unreifes kann bei Menschen mit empfindlichem Magen und Darm leicht zu Blähungen und Schmerzen führen. Achten Sie auch darauf, dass Sie deutlich mehr Gemüse als Obst essen – zu viel Obst kann ebenfalls zu Blähungen führen, und es macht nicht lange satt. Generell gilt: 20 Prozent Obst – am besten zum Frühstück – und 80 Prozent Gemüse und Salat.

Regel 10
Kauen Sie gründlich

Gut gekaut ist halb verdaut und macht schneller satt. Erfahrungsgemäß ist es ein langer Prozess, bis Sie wirklich langsam und gut kauen. Wenn Sie das schaffen, dann verbessern Sie damit Ihre Verdauung. Nehmen wir einen dünnen Apfelschnitz – 2 cm dick – als Beispiel: Sie sollten ihn mindestens 30-mal kauen. Fortgeschrittene schaffen 60- bis 80-mal! Das hat enorme Vorteile. Zum einen beginnt die Verdauung im Mund, weshalb es dort Schneide-, Mahlzähne und Speicheldrüsen gibt. Je länger Sie kauen und damit den Apfel einspeicheln, umso besser wird er vorverdaut und umso besser kann er im Darm weiterverarbeitet werden. Wenn Sie lange und gründlich kauen, werden sich auch weniger Blähungen entwickeln.

Alles rund um die basischen Lebensmittel

Alles, was der Körper basisch verstoffwechselt, tut Ihnen während des Basenfastens gut. Im Wesentlichen sind das Obst, Gemüse, Pilze, Kräuter und Sprossen. Bei Basenfasten gilt: je reifer umso basischer. Wenn Sie daher Obst und Gemüse der Saison bevorzugen, dann ist die Chance, dass Sie reife Erzeugnisse bekommen, recht gut.

So viele Basenbildner

In den folgenden Tabellen finden Sie alle basisch verstoffwechselbaren Lebensmittel, die wir aus unserer Erfahrung heraus für das Basenfasten geeignet finden. Sie können davon ausgehen, dass Lebensmittel, die hier nicht aufgeführt sind, im Wesentlichen auch nicht für Basenfasten geeignet sind. Bevorzugen Sie möglichst auch regionale Obst- und Gemüsesorten. Das heißt nun nicht, dass Sie nicht hin und wieder mal eine Passionsfrucht oder ein anderes Importobst oder -gemüse genießen dürfen. Verschaffen Sie sich einen Überblick in diesem Saisonkalender und versuchen Sie, so oft wie möglich auf einheimische saisonale Produkte zurückzugreifen.

Zitrusfrüchte – sauer oder basisch?

Zitrusfrüchte haben eine leicht basische Wirkung, wenn sie nicht in zu großen Mengen und reif verzehrt werden. Oft sind sie unreif und wirken dann sauer. Auch können Sie in der kalten Jahres-zeit den Stoffwechsel ausbremsen (in heißen Ländern, aus denen sie kommen, haben sie dann Saison). Das kann sich besonders für chronisch Kranke, aber auch für Allergiker als Problem darstellen. Natürlich ist nichts dagegen zu sagen, hin und wieder eine Mango oder ein Ananas zu essen – sofern es Flugmangos oder Fluganas sind. Fluganas, das heißt, sie sind reif ge-erntet und per Flugzeug transportiert.

Salate und Kräuter

Salate und frische Kräuter stehen beim Basenfasten täglich auf dem Speiseplan. Die ideale Tageszeit für einen Rohkost-salat ist mittags. Frische Kräuter gehö-ren in jedes Gemüsegericht. Gewöhnen Sie sich an, zu jedem Gericht frische Kräuter dazuzugeben, auch nach der Basenfastenwoche. Frische Kräuter und vor allem Sprossen sind sehr reich an Vitalstoffen. Die meisten Kräuter wir-ken zudem verdauungsfördernd.

► Papaya. Achten Sie darauf, dass auch Südfrüchte reif sind, kaufen Sie ggf. Flugpapaya oder -ananas.

Geeignete Kräuter und Gewürze

Basilikum	Beinwell
Bibernell	Bockshornklee
Bohnenkraut	Borretsch
Brennnessel	Chilischoten
Dill	Fenchelsamen
frische Sprossen	Gänseblümchen
Giersch	Glattpetersilie
Ingwer	Kamille
Kapern (o. Essig)	Kardamom
Kerbel	Koriander
Kreuzkümmel	Kümmel
Kurkuma	Lavendelblüten
Liebstöckel	Majoran
Meerrettich	Melisse
Muskatnuss	Nelken
Oregano	Petersilie
Pfeffer, weiß, rosa, grün, rot, schwarz	Pfefferminze
Piment (Nelkenpfeffer)	Rosmarin
Safran	Salbei
Schabzigerklee	Schachtelhalm
Schnittlauch	Schwarzkümmel
Sellerieblätter	Thymian
Tumeric (Kurkuma)	Vanille
Veilchenblüten	Wildkräuter
Ysop	Zimt
Zitronenmelisse	Zitronenpfeffer
Zitronenthymian	

Sonstige Nahrungsmittel, die basenbildend wirken

Nahrungsmittel	Wertvolle Inhaltsstoffe
Algen (Nori, Wakame, Hijiki, Chlorella, Spirulina)	Jod, Kalzium, Eisen
Blütenpollen	Vitalstoffkonzentrat
Erdmandelflocken (Chufas Nüssli)	Ballaststoffe
Hanfsamen, geröstet	*
Hefeflocken	*
Kanne Brottrunk	darmfreundliche Milchsäurebakterien
Kürbiskerne	Magnesium, Eisen, Kupfer, Mangan
Kürbiskernmus	Magnesium, Eisen, Kupfer, Mangan
Leinsamen, -schrot	Magnesium, Eisen, Mangan, Vitamin E
Mandeln	Kalzium, Magnesium, Eisen, Mangan, Vitamin E
Mandelmus	Kalzium, Magnesium, Eisen, Mangan
Mohnsamen	Magnesium, Eisen, Zink, Kupfer, Mangan
Ölsaatenmischung	Magnesium, Eisen, Mangan, Vitamin E, Zink, Kupfer
Sesam	Kalzium, Magnesium, Eisen, Zink, Kupfer, Mangan
Sesamsalz (Gomasio)	Kalzium, Magnesium, Eisen, Zink, Kupfer, Mangan
Sonnenblumenkerne	Magnesium, Eisen, Zink, Kupfer, Mangan, Vitamin E
Sonnenblumenkernmus	Magnesium, Eisen, Zink, Kupfer, Mangan
Tahin (Sesammus)	Kalzium, Magnesium, Eisen, Zink, Kupfer, Mangan
Umeboshi-Aprikosen	Kalium, Milchsäurebakterien
Walnüsse (frische)	Magnesium, Mangan, Fluor

* keine gesicherten Angaben

BASENFASTEN-BASICS

Auswahl wertvoller Öle

Pflanzenöle	Wertvolle Inhaltsstoffe
Arganöl, auch geröstet	ungesättigte Fettsäuren, Vitamin E
Leinöl	Omega-3-Fettsäuren, Vitamin E
Distelöl	ungesättigte Fettsäuren, Vitamin E
Hanföl	Omega-3-, Omega-6- und Omega-9-Fettsäuren
Haselnussöl (auch geröstet)	ungesättigte Fettsäuren, Vitamin E
Kürbiskernöl (auch geröstet)	ungesättigte Fettsäuren, Vitamin E
Maiskeimöl	ungesättigte Fettsäuren, Vitamin E
Olivenöl	ungesättigte Fettsäuren, Vitamin E, Vanadium
Rapsöl, Rapskernöl	ungesättigte Fettsäuren, Vitamin E
Sesamöl (auch geröstet)	ungesättigte Fettsäuren, Vitamin E, Kalzium
Sonnenblumenöl	ungesättigte Fettsäuren, Vitamin E, Vanadium
Traubenkernöl	ungesättigte Fettsäuren, Vitamin E
Walnussöl (auch geröstet)	ungesättigte Fettsäuren, Vitamin E
Weizenkeimöl	ungesättigte Fettsäuren, Vitamin E

Besonders mineralstoffreiche Trockenobstsorten

Obst	enthalten reichlich
Ananas	Enzyme
Aprikosen	Kalium, Eisen, Mangan
Bananen	Kalium, Magnesium, Eisen, Mangan
Birnen	Eisen, Zink
Brombeeren	Magnesium, Eisen, Zink, Mangan
Cranberrys	Bioaktivstoffe
Datteln	Kalium, Eisen, Zink, B-Vitamine
Feigen	Eisen, Zink
Papaya	Enzyme
Pfirsich	Kalium, Eisen
Rosinen	Eisen, Zink

Gutes Kautraining mit Trockenobst

Getrocknete Früchte sind ein guter Kautrainer: Mit einem kleinen Stück Trockenobst können Sie gründliches Kauen üben. Generell enthält ungeschwefeltes Trockenobst Vitalstoffe konzentrierter – besonders hoch ist der Gehalt an Kalium, Magnesium und Eisen. Mittlerweile gibt es in Reformhäusern und Naturkostläden eine große Auswahl an getrockneten Obstsorten. Bitte beachten Sie: Nicht nur der Vitalstoffgehalt konzentriert sich, auch der Schadstoffgehalt. Essen Sie Bio-Trockenfrüchte, die in der Regel auch ungeschwefelt sind, denn Schwefelung macht sauer.

Sprossen und Keimlinge

Sprossen und Keimlinge sind die Stars des Basenfastens. Sie enthalten so viele Vitalstoffe, dass Sie sich um die Versorgung mit Vitaminen, Mineralien, Enzymen und bioaktiven Stoffen keine Sorgen machen müssen, wenn Sie täglich frische Keimlinge essen. Keimlinge enthalten mehr Vitalstoffe als die Samen, denn durch den Keimprozess vervielfacht sich der Vitalstoffgehalt. Und: Frischer können Sie Vitalstoffe nicht bekommen. Bitte beachten Sie: In der gekeimten Form sind Getreide und Hülsenfrüchte beim Basenfasten erlaubt – sonst nicht. Frische Keimlinge erhalten Sie in Naturkostläden, auf Wochenmärkten und auch in vielen Supermärkten. Achten Sie dabei aber auf das Haltbarkeitsdatum, und schau-

Samen für die Sprossenzucht

Samen	Wertvolle Inhaltsstoffe
Adzukibohne	Eiweiß
Alfalfa (Luzerne)	Vitamin B$_{12}$, A und C
Amaranth	Eiweiß
Bockshornklee	Silizium
Braunhirse	Silizium
Brokkoli	bioaktive Stoffe, Vitamin C, wirkt entgiftend
Buchweizen	*
Dinkel	B-Vitamine
Erbsen (Erbsenspargel)	Eiweiß
Fenchelsamen	*
Gerste	B-Vitamine, Silizium
Hafer	B-Vitamine
Hirse	Silizium
Kichererbsen	Vitamin B$_{12}$, Eiweiß
Koriandersamen	*
Kresse	Vitamin C
Leinsamen	ungesättigte Fettsäuren
Linsen	Vitamin B$_{12}$, Eiweiß

Samen	Wertvolle Inhaltsstoffe
Mungobohnen	B-Vitamine, auch B$_{12}$, Vitamine A, C und E, Kalzium, Eisen, Kalium, Phosphor, Eiweiß
Radieschen	Bioaktivstoffe
Reis	Vitamin C, B-Vitamine, Kalzium, Eisen, Zink, Kalium, Mangan, Phosphor
Rettich	wirkt entschleimend, entgiftend
Rosabi (Kohlrabiart)	*
Rotklee	Bioaktivstoffe
Rukola	Kalzium
Sesam, ungeschält	Kalzium
Senf	Vitamin C
Sojabohnen	Eiweiß
Sonnenblumenkerne	ungesättigte Fettsäuren, B-Vitamine, Vitamine D, E, F, K, Proteine, Mangan, Kupfer, Phosphor
Weizen	Vitamin B, Vitamin C, Eiweiß
Zwiebelsprossen	Bioaktivstoffe

* keine gesicherten Angaben

en Sie sich die Keimlinge ganz genau an, ob sie auch frisch sind. Billiger und mit Frischegarantie ist es, sie zu Hause selbst zu ziehen. Sprossenzucht ist eigentlich ganz einfach – im Handel gibt es eine ganze Reihe von Keimgläsern und Keimgerätschaften. Ich bevorzuge das Sprossenglas der Firma Eschenfelder – es ist das einfachste System, leicht zu handhaben und vor allem leicht zu reinigen. Es gibt aber auch immer mehr Firmen, die fertige Sprossen und Keimlinge anbieten, was natürlich viel bequemer ist. Bei Sprossen, die Sie in Geschäften oder auf dem Markt kaufen, müssen Sie aufpassen: Wenn sie einige Tage alt sind, schimmeln sie gerne. Bei Keimlingen in einer Papierschale ist der Frischezustand leichter für Sie erkennbar.

Achtung, wenn Sie Anfängerin sind: Nicht alle Samen keimen gleich gut. Verwenden Sie erst einmal die großen, leicht zu keimenden Samen: Sonnenblumenkerne, Linsen, Kichererbsen. Auf diese Weise ist Ihnen der Keimerfolg sicher und Sie erleben keinen Keimfrust. Kleine Samen oder solche, die schleimen, erfordern etwas mehr Erfahrung.

Einige Sprossen enthalten reichlich Vitamin B$_{12}$

Wenn Sie bislang Fleisch vor allem deshalb essen, weil Sie glauben, nur so an ausreichend Vitamin B$_{12}$ zu kommen, dann können Sie nun aufatmen: Auch in Keimlingen finden Sie große Mengen an Vitamin B$_{12}$. Vitamin B$_{12}$ ist ein für die Blutbildung wichtiges Vitamin. In folgenden Keimlingen sind größere Mengen an Vitamin B$_{12}$ enthalten: Kichererbsen, Linsen, Mungobohnen und Alfalfa (Luzerne). Übrigens sind Alfafakeimlinge neben Brokkoli und Kresse auch sehr Vitamin-C-haltig. Auch Weizengras ist sehr reich an Vitamin B$_{12}$.

Sprossen ziehen – so geht's

Der Keimvorgang besteht aus: Einweichphase, etwa 3 Spül- und Abtropftagen und aus der Lagerphase. Sie benötigen eigentlich nur ein Sprossenglas, Samen und 3 Tage Geduld. Kaufen Sie eine normale Packung Biokichererbsen, denn eine Sonderpackung zum Keimen,

die kleiner und viel teurer ist – benötigen Sie dazu nicht. Weichen Sie 3 bis 4 Esslöffel Samen einige Stunden in Wasser ein, lassen Sie das Wasser abfließen und spülen Sie die Samen noch einmal mit frischem Wasser durch. Schrauben Sie das Sprossenglas zu und stellen Sie es auf den Kopf in die Geschirrablage Ihrer Spüle oder in eine spezielle Abtropfvorrichtung, sodass alles Restwasser abfließen kann. Spülen Sie nun die Samen einmal täglich mit frischem Wasser. Achten Sie darauf, das Glas nach dem Spülen wieder auf den Kopf zu stellen, damit alles Wasser abfließen kann. Bereits nach 1 bis 2 Tagen sind die ersten Minisprossen zu erkennen. Nach 3 Tagen sind die meisten Samenarten gekeimt und verzehrfertig. Nach weiteren 1 bis 2 Tagen sind die Keime etwa 2 bis 3 cm lang und »fertig«. Sie können das Glas, nachdem alles Wasser abgetropft ist, in den Kühlschrank stellen, Ihre vitaminreichen Keimlinge sind dort gut eine Woche haltbar.

halten viel Vitamin B. Vitamin D liefern Pilze – dieses Vitamin ist maßgeblich an der Aufnahme von Kalzium aus der Nahrung beteiligt. Und auch die Eiweißversorgung ist beim Basenfasten kein Problem: Unsere »normale« Kost ist heutzutage so überfrachtet mit tierischen Eiweißen, dass unser Problem nicht der Mangel an Eiweiß, sondern das Zuviel an Eiweiß ist. Außerdem enthalten z. B. Kartoffeln, Mandeln und frische Sprossen so viel Eiweiß, dass Sie locker einige Wochen basenfasten können, ohne Mangelerscheinungen zu bekommen.

Keine Angst vor Kalziummangel

Studien haben gezeigt, dass Frauen in Afrika und in Asien, die keine Milchprodukte zu sich nehmen, trotzdem nicht an Osteoporose erkranken. Das steht unserer derzeitigen medizinischen Propaganda genau entgegen. Was tun sie? Sie bewegen sich z. B. viel im Freien, d. h. in der Sonne. Durch Sonnenlicht kann in der Haut aus Vitaminvorstufen das eigentlich wirksame Vitamin D hergestellt werden, weshalb es auch als »Sonnenvitamin« bezeichnet wird. Vitamin D sorgt dafür, dass Kalzium und Phosphor in die Knochen und Zähne eingebaut wird – und verhindert so die Osteoporose. Dagegen leiden viele Europäer, die sich eiweißreich ernähren und Extraportionen Kalzium zu sich nehmen, unter Ablagerungen: verkalkte Gefäße, verkalkte Gelenke und Osteoporose. Es kommt also offensichtlich darauf an, in welcher Form die Nährstoffe in unseren Körper

Basische Nahrungsmittel liefern wertvolle Mineralien

Haben Sie bei Verzicht auf Milch und Milchprodukte Angst vor einem Kalziummangel? Keine Sorge – viele Gemüsesorten enthalten jede Menge Kalzium. Doch nicht nur Kalzium, auch andere Mineralien sind in basischen Lebensmitteln reichlich vorhanden. Die folgende Tabelle zeigt, dass vor allem Sesam hinsichtlich seines Mineraliengehaltes ein Multitalent ist. Deshalb empfehle ich Sesamsaat oder Gomasio (z. B. von Rapunzel) – eine Würzmischung aus geröstetem Sesam mit Salz –, um Salate und Gemüse zu würzen.

Auch mit Vitaminen werden Sie durch basische Lebensmittel bestens versorgt: So ist beispielsweise Kresse besonders reich an Vitamin C, und Mandeln ent-

Diese basischen Lebensmittel liefern reichlich Mineralien

Lebensmittel	Mineralstoff
Sesam, Brennnessel, Gartenkresse, Rukola, Löwenzahn, getrocknete Feigen	Kalzium
Mandeln, Sesam, Cashewnüsse, Ingwer, Portulak (Postelein)	Magnesium
Sesam, Bananen, Maronen, Aprikosen, Feigen, Datteln, andere Trockenfrüchte, Kohlrabi, Kürbis	Kalium
Sesam	Phosphor
Sesam, getrocknete Pilze	Eisen

So viele Mineralien stecken in Sesam

100 g Sesam enthalten		Tagesbedarf laut DGE
Kalzium:	783 mg	1000 mg
(zum Vergleich: 100 g Kuhmilch enthalten 124 mg Kalzium)		
Magnesium:	347 mg	300 mg
Kalium:	458 mg	2000 mg
(zum Vergleich: 100 g Bananen enthalten 382 mg Kalium)		
Phosphor:	607 mg	700 mg
Natrium:	45 mg	6000 mg (max.)
Eisen:	10 mg	10 – 15 mg
(zum Vergleich: 100 g Spinat enthalten 3 mg Eisen)		

Kalziumgehalt von 100 g basischen Lebensmitteln [in mg]

Sesamsaat	783
Brennnesseln	713
Mandeln	250
Gartenkresse	215
Grünkohl	210
getrocknete Feigen	195
Petersilie	200
Brunnenkresse	200
Rukola	160
Löwenzahn	137
Schnittlauch	130

Quelle: »Der kleine Souci Fachmann Kraut«, Wissenschaftliche Verlagsgesellschaft Stuttgart 2003

gelangen, damit wir sie gut verwerten können. Die Lebensmittel, die beim Basenfasten erlaubt sind, enthalten viele gut verwertbare Nährstoffe und belasten Ihren Stoffwechsel nicht. Also vergessen Sie die Milch-, Eiweiß- und Kalziummärchen – umdenken ist angesagt!

Milchsauer vergoren: gesund und lecker

Die milchsaure Gärung ist eine uralte Form der Konservierung. Milchsauer Vergorenes wird basisch verstoffwechselt und wirkt sich positiv auf die Arbeit der Darmbakterien aus. Dadurch wird das Immunsystem stimuliert. Zahlreiche Studien, die in den vergangenen Jahrzehnten mit dem milchsauren Produkt Kanne Brottrunk gemacht wurden, belegen das. So hört man immer wieder von Erfolgen mit Kanne Brottrunk bei chronischen Erkrankungen, die mit einer Schwächung des Immunsystems einhergehen. Auch Sauerkraut wird meist milchsauer vergoren angeboten. Durch seinen hohen Histamingehalt wird es allerdings von Menschen mit Allergien und Darmproblemen manchmal nicht so gut vertragen. Wenn Sie Allergiker sind – auch wenn Sie Pollenallergien haben –, weichen Sie lieber auf andere milchsaure Produkte aus. So habe ich von Eden einige Gläser mit milchsauer eingelegten Gemüsen entdeckt, die sich gut für das Basenfasten eignen. Legen Sie sich einige dieser Gläser als Vorrat zu – so haben Sie immer ein schnelles basisches Essen an der Hand, falls ein plötzlicher »Stresseinbruch« Sie an der Vorbereitung Ihrer nächsten Basenfastenmahlzeit hindert.

Milchsauer Vergorenes aus dem Glas

Gemüseallerlei, milchsauer eingelegt (Eden, Reformhaus)

Kanne Brottrunk

Rote Bete, milchsauer eingelegt (Eden, Reformhaus)

Sauerkraut, milchsauer eingelegt, offen (Reformhaus, Naturkostladen, Wochenmarkt)

Sauerkraut, milchsauer eingelegt (Eden, Reformhaus)

Sellerie, milchsauer eingelegt (Eden, Reformhaus)

Was Allergiker beim Basenfasten beachten sollten

- Vermeiden Sie alle Obst-, Gemüsesorten und Kräuter, von denen Sie wissen, dass Sie bislang allergisch darauf reagiert haben.
- Vermeiden Sie vorsichtshalber Sauerkraut und Spinat, da diese Gemüse größere Mengen Histamin enthalten.
- Erdbeeren, Himbeeren, Zitrusfrüchte und Tomaten sollten Sie während des Basenfastens ebenfalls nicht in größeren Mengen zu sich nehmen, da diese Nahrungsmittel im Körper Histamin freisetzen können.

- Lassen Sie Zwiebeln und andere Gemüsesorten weg, wenn Sie mit Blähungen oder Bauchschmerzen darauf reagieren.
- Wenn Sie eine Hausstaubmilbenallergie haben, sollten Sie nicht zu viele Mandeln essen.
- Achten Sie bei Beerenfrüchten darauf, dass sie keine Schimmelspuren aufweisen.
- Wenn Sie Pollenallergiker sind, sollten Sie keine Blütenpollen essen, obwohl diese basisch sind.

- Bereiten Sie alle Gerichte nur aus 2–3 Sorten zu, dann ist es z. B. im Fall von Nahrungsunverträglichkeiten leichter nachvollziehbar, welches Obst oder Gemüse der Auslöser ist.
- Je nach Stärke Ihrer Allergie können Sie auf folgende basische Lebensmittel mit einer Unverträglichkeit reagieren (bitte daher vorsichtig austesten): Stein- und Kernobst (z. B. Äpfel), Kiwis, Beerenfrüchte, Zitrusfrüchte, Kräuter, Paprika.

Das Basenfasten-Programm auf einen Blick

Alles, was der Körper basisch verstoffwechselt, dürfen Sie während des Basenfastens genießen. Im Wesentlichen sind das Obst, Gemüse, Pilze, Kräuter und Sprossen. Wenn Sie darüber hinaus noch Zeit finden für ausreichende Bewegung, Entspannungsphasen und eine regelmäßige Darmreinigung, können Sie davon ausgehen, dass Ihr Säure-Basen-Haushalt nach 1 oder 2 Wochen wieder in der Balance ist.

Frühstück: Frisches Obst der Saison ist das ideale Frühstück. Je nach Saison können Sie einfach eine Banane oder einen Apfel essen oder sich ein leckeres basisches Müsli zubereiten. Ein frisch gepresster Saft ist ein besonders vitalstoffreicher Energieschub am Morgen. Denken Sie an die Wacker-Regel Nr. 10 (S. 19): Behandeln Sie den Saft, als würden Sie ihn essen: Schluck für Schluck – langsam »kauen«, damit die Verdauungsenzyme im Mund ans Werk gehen können.

Mittagessen: Der tägliche Salat – möglichst roh und mit vielen frischen Kräutern – gehört auf den Mittagstisch. Wenn Ihnen ein Salat nicht ausreicht, können Sie im Anschluss noch eine kleine Gemüseportion essen – roh oder gekocht. Wenn Sie keine Rohkost vertragen, können Sie auch einen Salat aus gekochtem Gemüse oder ein Gemüsegericht essen.

Abendessen: Gestalten Sie das Abendessen – bis 18 Uhr – nicht zu üppig. Je nach Jahreszeit bieten sich Gemüsesüppchen oder ein kleines gedünstetes Gemüsegericht an. Auch ein paar Pellkartoffeln mit Avocadocreme oder mit etwas Olivenpaste eignen sich gut für ein basisches Abendessen.

Zwischenmahlzeiten: Zwischenmahlzeiten müssen nicht sein, sind aber erlaubt. Wenn Sie zwischendurch Hunger oder Knabbergelüste bekommen, dann trinken Sie erst mal einen Schluck Wasser oder Kräutertee. Erst wenn das nicht ausreicht, essen Sie einige Mandeln, Trockenfrüchte oder Oliven. Zwischenmahlzeiten für vormittags: frisches Obst der Saison, Mandeln oder frische Walnüsse, ungeschwefeltes Trockenobst, Gemüserohkost der Saison. Geeignete Zwischenmahlzeiten für nachmittags sind Mandeln oder frische Walnüsse, grüne Oliven, ungefärbte schwarze Oliven, etwas Trockenobst, ein Becher Gemüsebrühe (aus einem Drittel Gemüsebrühwürfel).

Getränke: Trinken Sie 2–3 Liter Quellwasser pro Tag, je nach Jahreszeit warm oder kalt. Auch stark verdünnte Kräutertees sind ein ideales Getränk.

Darmreinigung: Reinigen Sie Ihren Darm alle 2–3 Tage mit Glaubersalz, mit einem Einlauf oder mit Colon-Hydro-Therapie – auch dann, wenn Sie während des Basenfastens jeden Tag Stuhlgang haben.

Bewegung: Überlegen Sie sich rechtzeitig Ihr tägliches Bewegungsprogramm, 30–45 Minuten sollten Sie dafür einplanen. Wenn Sie ein Bewegungsmuffel sind, dann steigern Sie Ihre sportliche Aktivität langsam – Schwimmen, Walken und Joggen sind gute Sportmöglichkeiten für Anfänger.

Entspannungsmaßnahmen: Schaffen Sie sich Erholungsinseln in Ihrem Alltag – ein Spaziergang im Wald, eine Ayurvedamassage, ein Basenbad am Abend. Und: Machen Sie Stress-Inventur! Was stresst Sie am meisten in Ihrem Leben? Was können Sie dagegen tun? Gehen Sie den Ursachen auf den Grund und stellen Sie ein Anti-Stress-Programm auf.

Wie es nach der Basenfastenzeit weitergeht

Viele Menschen missverstehen beim Basenfasten etwas Entscheidendes: Sie meinen, man solle sich das ganze Leben zu 100 Prozent basisch ernähren. Das habe ich nie gesagt und sage es auch jetzt nicht. Ich bin vielmehr der Meinung, dass die Ernährung ausgewogen und vollwertig sein sollte. Und was heißt das nun? So viel ist sicher: Zu einer ausgewogenen Ernährung gehört Getreide dazu. Aber natürlich meine ich damit vollwertiges Getreide, keine Weißmehlprodukte. Vollwertiges Getreide hat noch seine Schale und den Keimling und da sind die Vitamine und Mineralien drin. Getreide ist ein großer Vitamin-B-Lieferant. Getreide gehört – in gewissen Mengen – auf den Speiseplan. Interessanterweise ist ein Stück Brot das Lebensmittel, das die meisten Basenfaster richtig vermissen.

Worauf es beim Einkaufen und Zubereiten ankommt

Reines Quellwasser, reiner Kräutertee, Sesamsalz, reifes Obst und Gemüse – es gibt beim Basenfasten einiges zu beachten, das Ihnen vielleicht noch nicht so vertraut ist. Erfahren Sie, worauf es beim Einkaufen und bei der Zubereitung ankommt.

Obst und Gemüse richtig zubereiten

Obst und Gemüse sollten Sie immer dann verzehren, wenn sie Saison haben und reif sind. Nur dann können sie basisch verstoffwechselt werden. Stellt sich die Frage: roh oder gekocht? Rohkost ist reich an Vitaminen und Spurenelementen, und jede Verarbeitung und jede Erwärmung mindert die Qualität dieser wertvollen Inhaltsstoffe. Nur: Um Rohkost verdauen zu können, benötigen Sie einen guten Stoffwechsel und ein Verdauungssystem, das zu 100 Prozent funktioniert – aber wer hat das schon? Nicht umsonst heißt meine 1. goldene Wackerregel: Vorsicht im Umgang mit Rohkost. Zudem haben die Menschen zu allen Zeiten Lebensmittel durch Salzzugabe oder durch andere Methoden konserviert, weil es eben nicht zu allen Jahreszeiten frisches Obst und Gemüse gab. Auch sind nicht alle Menschen gleich. Manche Menschen brauchen einfach eher gekochtes Essen, weil es von innen heraus wärmt, während andere sich nur mit Rohkost richtig fit fühlen. Es ist also durchaus erlaubt, etwas lockerer an dieses Thema heranzugehen. Wenn Sie abends mit einer warmen Suppe glücklich sind, dann essen Sie eine. Problematisch kann allerdings das wiederholte Erwärmen von Gemüsegerichten und Suppen werden. Wärmen Sie nicht häufiger als einmal auf; denn ein zu oft erwärmtes basisches Gericht kann umkippen und sauer reagieren.

◄ **Ein professioneller Entsafter lohnt sich für alle, die regelmäßig einen Saft trinken anstatt Müsli zu essen.**

Frisch gepresste Säfte – Luxus aus der Natur

Wenn Sie Wert auf eine gute Saftqualität und auf eine hohe Saftausbeute legen, dann sollten Sie sich hier etwas Luxus gönnen: einen guten Entsafter (S. 33). So geht das Entsaften ganz schnell:

- Bauen Sie den Entsafter immer abends zusammen.
- Waschen Sie das Obst und das Gemüse schon am Abend.
- Wenn Sie Gemüse und Obst aus biologischem Anbau kaufen, können Sie die Schale mit verwenden – das ist gesünder und spart Zeit.
- Kaufen Sie sich einen Apfelteiler, er zerteilt Ihnen den Apfel in wenigen Sekunden so, dass er einfach in den Entsafter passt.

Saft aus Karotten, Äpfeln und Mandeln: Für ein Glas Saft benötigen Sie 2 mittlere Karotten, 2 mittlere Äpfel und 5 Mandeln. Karotten und Äpfel zerkleinern und in den Entsafter geben. Verzehren Sie den Saft so, als würden Sie ihn essen – das kann 15 Minuten dauern. Speicheln Sie ihn gut ein. Dadurch werden die Mineralien und Vitamine besser von der Mundschleimhaut aufgenommen und der Saft ist bekömmlicher. Viele Menschen glauben, sie könnten keinen Saft vertragen – sobald sie ihn langsam verzehren, bekommt ihnen der Saft viel besser.

Tipp für Eilige: Nehmen Sie den Saft mit ins Badezimmer – während Sie sich eincremen, schminken oder die Haare machen, können Sie immer wieder einen kleinen Schluck trinken.

Bio: ja oder nein?

Das ist eine Frage, die ich immer wieder in meinen Kursen oder per E-Mail gestellt bekomme. Wer mich kennt, weiß, dass ich ein absoluter Verfechter von Biokost bin. Nahrungsmittel aus biologisch-dynamischem Anbau und auch Fertigprodukte, deren Zutaten aus biologisch-dynamischem Anbau stammen, sind meines Erachtens besser. So ergab eine lebensmittelchemische Untersuchung von Orangen aus konventionellem Anbau und Orangen aus biologischem Anbau, wie beispielsweise Demeter-Erzeugnisse es sind, dass der Vitamin-C-Gehalt der Bio-Orangen um 20 Prozent höher lag als der von Orangen aus konventionellem Anbau – wenn das kein Argument ist!

Bei Bio gibt es allerdings einige Unterschiede. Die strengsten Auflagen haben sich einige Verbände gemacht, allen voran der älteste Verband für biologisch-dynamischen Anbau Demeter. Erzeugnisse dagegen, die nur das EU-Bio-Siegel tragen, unterliegen wesentlich weniger Vorschriften. Dennoch sind sie schadstoffärmer als konventionelle Erzeugnisse.

Sie können selbstverständlich auch mit konventionell angebautem Obst und Gemüse basenfasten. Sie müssen nur wissen, dass der Vitamin- und auch der Mineralstoffgehalt dann entsprechend geringer sind und damit der gesundheitliche Wert sinkt. Wenn Sie bislang nicht von Bioanbau überzeugt sind, dann lassen Sie sich einfach noch Zeit und beginnen Sie erst einmal, sich überhaupt an Obst und Gemüse zu gewöhnen. Denn: Jeder Säurebildner, den Sie gegen einen Basenbildner austauschen, ist schon ein Gewinn für Ihre Gesundheit.

▼ Bio-Obst und -Gemüse ist schadstoffärmer als konventionelle Erzeugnisse.

Obst und Gemüse richtig weiterverarbeiten

Welche Gemsesorten müssen geschät werden? Welche vertragen es, mit der Gemüsebürste abgeschrubbt zu werden? Beim Basenfasten kommen Sie evtl. sogar mit Obst und Gemüse in Kontakt, das Sie nur selten essen. Die Tabelle hilft Ihnen bei der richtigen Vor- und Zubereitung.

Sorte	Putzen, Waschen und Co.
Ananas	Die Palme und die Unterseite abschneiden, sodass die Ananas sicher aufrecht auf dem Schneidebrett steht. Mit einem Messer streifenweise und großzügig von oben nach unten die stachelige Schale herunterschneiden, die Ananas der Länge nach vierteln und den holzigen Kern wegschneiden.
Auberginen	Unter fließendem Wasser waschen, den grünen Strunk abschneiden.
Avocado	Avocado halbieren, den Kern herausnehmen und das Fruchtfleisch mit einem Löffel herausschaben. Solange der Kern in der Avocado ist, bleibt das Fruchtfleisch grün – gilt auch für Pasten.
Blattsalat	Die Blätter vom Kopf lösen, harte Strünke kürzen und Salatblätter in stehendem Wasser gründlich waschen, damit Sand vollständig entfernt wird.
Brokkoli	Den Strunk abschneiden, schälen und würfeln. Die einzelnen Röschen abtrennen und waschen.
Blumenkohl	Die äußeren Blätter vom Blumenkohl entfernen, den Blumenkohl waschen und dann in kleine Röschen teilen.
Butternut (und andere Kürbissorten)	Den Kürbis unter fließendem Wasser waschen, den Stiel abschneiden, schälen und die Kerne mit einem Löffel herausschaben.
Chicorée	Den Strunk des Chicorées herausschneiden (da er bitter schmeckt), die Blätter unter fließendem Wasser waschen.
Erdbeeren	Je nach Reifegrad in stehendem oder unter fließendem Wasser waschen und den grünen Stielansatz herausdrehen oder herausschneiden.
Fenchel	Fenchelknollen waschen, äußere Blätter entfernen, den Strunk herausschneiden, das Fenchelgrün aufheben.
Himbeeren, Brombeeren, Heidelbeeren	In stehendem Wasser waschen und evtl. schimmelige Früchte aussortieren.
Feldsalat	Evtl. vorhandene schmutzige Wurzelreste entfernen und den Salat (mehrmals) in stehendem Wasser gründlich waschen, weil er oft sehr sandig ist.

Sorte	Putzen, Waschen und Co.
Hokkaidokürbis, Futsu black	Beide Kürbisse müssen nicht geschält werden, weshalb Sie nur den Stielansatz und den Strunk entfernen. Mit der Gemüsebürste unter fließendem Wasser schrubben, halbieren und mit einem Löffel die Kerne herausschaben.
Johannisbeeren, Jostabeeren	Unter fließendem Wasser waschen und die einzelnen Beeren von den Rispen (Stängeln) zupfen.
Kartoffeln, Süßkartoffeln, Steckrüben	Unter fließendem Wasser waschen und schälen. Biokartoffeln müssen nicht unbedingt geschält, sondern nur mit der Gemüsebürste geschrubbt werden.
Karotten, Pastinaken, Petersilienwurzeln	Unter fließendem Wasser mit der Gemüsebürste schrubben.
Lauch	Lauch der Länge nach halbieren und gründlich waschen, da sich zwischen den Blättern viel Erde befinden kann. Dann die äußeren Blätter und den Wurzelansatz entfernen.
Mango	Mango schälen, das Fruchtfleisch mit einem Messer rund um den Kern wegschneiden.
Mangold	Den Strunk je nach Größe der Mangoldstaude abschneiden (2–3 cm), die einzelnen Blätter lösen und unter fließendem Wasser waschen.
Meerrettich	Schälen, waschen und auf einer Gemüsereibe reiben.
Pilze	Mit einem feuchten Küchenkrepp oder mithilfe einer Pilzbürste Erdreste abreiben und auf keinen Fall waschen, da sie sich sonst mit Wasser voll saugen.
Rettich, Eiszapfen, Mairübchen, Navets, Kohlrabi	Unter fließendem Wasser waschen und schälen.
Rote Bete	Rote Bete unter fließendem Wasser waschen, mit Handschuhen schälen, da der rote Farbstoff ziemlich intensiv ist und so schnell nicht mehr verschwindet.
Schwarzwurzeln	Schwarzwurzeln mit Handschuhen unter fließenden Wasser mit einer Bürste säubern, dann mit einem Sparschäler die äußere Schale entfernen und gleich in Zitronenwasser legen, damit die Wurzel sich nicht verfärbt.
Spargel	Weißen Spargel unterhalb der Köpfe mit einem Spargelschäler schälen, die unteren Enden abschneiden. Grüner Spargel muss nicht geschält werden.
Spinat	Die Spinatblätter (mehrmals) in stehendem Wasser waschen, sehr grobe Stielenden kürzen.
Staudensellerie	Die einzelnen Stangen von der Staude lösen, waschen, die Blätter abschneiden (man kann sie für Brühe gebrauchen). Die groben Enden kürzen und von oben nach unten die Stangen entfädeln.
Wildkräuter: Brunnenkresse, Löwenzahn, Portulak, Rukola	In stehendem Wasser gründlich waschen, nicht so schöne Stielenden abschneiden.
Zucchini	Zucchini unter fließendem Wasser waschen, Enden abschneiden (für die Gemüsebürste ist die Haut zu zart).

Basische Grundausstattung und praktische Küchenhelfer

Die folgende Liste enthält die wichtigsten basischen Grundnahrungsmittel, die Sie fürs Basenfasten benötigen. Je nach Rezeptauswahl, die Sie für sich treffen, kommen noch entsprechend Obst, Gemüse, Kräuter, Sprossen, Samen und Pflanzenöle dazu:

- Reines Quellwasser ohne Kohlensäure in ausreichender Menge: Sie benötigen 2,5–3 Liter pro Tag! Besonders empfehlenswerte Sorten sind Lauretana, Plose, Mont Rouscous, Black Forest Pearl.
- Reine Kräutertees: Achten Sie darauf, dass Sie keinen grünen Tee, keinen schwarzen Tee, keinen weißen Tee, keine Früchte, keine Mate und keinen Rooibos enthalten.
- 2–3 Sorten kaltgepresstes Öl (Oliven-, Sonnenblumen- oder andere Öle)
- 5–6 Zitronen
- Erdmandelflocken (Chufas Nüssli aus dem Reformhaus oder Bioladen)
- 1 Glas Gomasio (Sesamsalz)
- Bio-Gemüsebrühe ohne Geschmacksverstärker (Demeter, Rapunzel) als Würfel oder in der Dose
- Sprossenmischungen zum Keimen oder fertig gekeimte Sprossen vom Wochenmarkt
- frische Kräuter der Saison
- Obst, Salat und Gemüse der Saison
- 1 Glas ungefärbte Oliven ohne Knoblauch

▶ **Apfelschneider finden Sie im Kaufhaus oder Supermarkt.**

- Kartoffeln sollten Sie während des Basenfastens immer vorrätig haben.
- Äpfel und Bananen sollten ebenfalls immer im Haus sein.
- einige Sorten ungeschwefelte Trockenfrüchte
- Glaubersalz zur Darmentleerung oder einen Irrigator, wenn Sie Einläufe machen wollen (gibt es jeweils in der Apotheke)
- Basenbad (Apotheke)

Haben Sie kein Reformhaus und keinen Bioladen in Ihrer Nähe? Kein Problem. Eine basische Grundausstattung können Sie in Deutschland und im europäischen Ausland auch bequem online bestellen bei www.e-biomarkt.de.

Wenn Sie Lust bekommen haben, Ihre Küche dauerhaft auf basischeres und damit auf gesünderes Essen umzustellen, dann gibt es einige Küchenhilfen und -geräte, deren Anschaffung sich lohnt.

Apfelschneider

Ein Apfelschneider ist ein nützliches, preisgünstiges und leicht zu reinigendes Hilfsmittel, mit dem Sie Äpfel superschnell entkernen und in mundgerechte Schnitze schneiden können. Auch für die Saftherstellung haben die so entstehenden Apfelschnitze genau die richtige Größe. Gute und günstige Apfelschneider finden Sie in Haushaltswarenabteilungen von Kaufhäusern, oft sogar in Supermärkten und natürlich im Internet.

Entsafter

Wenn Sie Kinder haben, ist ein Entsafter die beste Vorraussetzung, um ihren Kindern Vitamine, Mineralien und Bioaktivstoffe schmackhaft zu machen. Aber auch ein reiner Erwachsenenhaushalt sollte, wenn er sich basisch ausrichten möchte, an die Anschaffung eines Entsafters denken. Allerdings gibt es dabei gravierende Qualitätsunterschiede und leider auch Preisunterschiede. Wenn Sie noch keinen Entsafter zu Hause haben, dann sollten Sie sich ein wenig schlau machen, bevor Sie in den nächstbesten Shop gehen und einen Billigentsafter kaufen. Billige Entsafter arbeiten mit Zentrifugenkraft. Durch das Zentrifugieren – eine Art Schleudern, bei dem mit bis zu 13 000 Umdrehungen pro Minute gearbeitet wird, entsteht viel Wärme, was den hitzeempfindlichen Vitaminen schadet, und der Saft wird durch das Herumwirbeln aufgeschäumt, was den sauerstoffempfindlichen Enzymen schadet. Im Trester, der zurückbleibt, sind zudem noch zu viele Vitalstoffe drin, die dadurch vergeudet werden. Hochwertige Entsafter hingegen entwickeln weniger oder kaum Wärme und erhalten dadurch mehr Vitalstoffe. So arbeitet der »Green Star« (Infos siehe Anhang) beispielsweise mit 2 ineinandergreifenden Presswalzen mit niedriger Geschwindigkeit (110 Umdrehungen pro Minute), sodass kaum Wärmeentwicklung stattfindet. Mit ihm lassen sich auch Nüsse und Kräuter – auch Weizen-, Dinkel- und Gerstengras – entsaften. Der »Champion« dagegen arbeitet mit einem Zylinder, der mit Edelstahlklingen besetzt ist, mit 1400 Umdrehungen pro Minute. Beide Geräte sind empfehlenswert, und man schmeckt den Unterschied zum herkömmlichen Zentrifugenentsafter! Mein Tipp: Wenn Sie sich entschließen, einen Entsafter zu kaufen, sparen Sie lieber ein wenig und schaffen Sie sich einen Entsafter an, der schonend arbeitet.

Gemüsebürste

Die schonende Gemüsereinigung ist für mich ohne Gemüsebürste gar nicht denkbar. Mit einer Gemüsebürste werden Wurzelgemüse wie Karotten, Petersilienwurzel und Pastinaken, aber auch Kartoffeln unter fließendem Wasser gereinigt. Bei Verwendung von Gemüse aus biologischem oder aus biologisch-dynamischem Anbau ist ein Schälen so oft gar nicht mehr nötig. Damit gehen die wertvollen Vitalstoffe in der Schale nicht verloren. Gemüse aus konventionellem Anbau sollte allerdings geschält werden, da sich unterhalb der Schale die meisten Rückstände der Pflanzenschutzmittel ablagern. Sie finden Gemüsebürsten an Wochenmarktständen, in Supermärkten und in Bioläden. Sie sind aus Naturfasern wie Kokos, Sisal oder Hanf.

Gemüsedämpfer

Das wichtigste Gerät in der basischen, gemüseschonenden Küche ist der Dampfgarer. Damit können Sie jedes Gemüse schnell und besonders vitalstoffschonend zubereiten. Der Dampfgarer besteht aus einem Topf und einem Sieb, das in den Topf hineingestellt wird. Das Gemüse liegt auf dem Sieb, nicht im Wasser, und wird nur durch den Wasserdampf gegart. Da die Wassermenge sehr gering ist, verkürzt sich der Garvorgang. Es gibt auch faltbare Siebe zum Einhängen in jeden Topf zu kaufen. Sie sind viel preiswerter, aber etwas schlechter zu reinigen. Ein asiatischer Bambusdämpfer, auch Steam Basket genannt, eignet sich prima, um vitaminschonend zu garen. Die 2 Körbe ermöglichen das praktische und zeitsparende Garen auf mehreren Etagen. Die Bambuskörbe werden bestückt, übereinandergestapelt, dann kommt der Bambusdeckel drauf – und einfach in eine Pfanne oder einen Topf stellen. Füllen Sie 2–3 cm hoch Wasser hinzu, und nach etwa 10 Minuten ist das Gemüse gar.

SO GEHT'S

Schonend im Dampf garen: Grundrezept

Verschiedene Gemüse nach Lust und Jahreszeit auswählen, schälen, waschen und in der gewünschten Form klein schneiden. Den Boden des Gemüsedämpfers mit etwa ½ l Wasser bedecken. Das klein geschnittene Gemüse in den Siebteil des Gemüsedämpfers geben – das Gemüse darf nicht in dem Wasser liegen. Nun wird der Topf erhitzt, damit das Wasser kochen kann, und damit das Gemüse gegart, bis es bissfest ist – meist nach wenigen Minuten.

33

Gemüsereibe

Gemüsereiben finden sich in jedem Haushalt in allen möglichen Variationen. Egal, ob Sie eine einfache gerade oder runde mechanische aus Metall oder Plastik haben oder ob sie Bestandteil Ihrer Küchenmaschine ist – Gemüsereiben sind sinnvoll. Sie können damit Gemüse zu allen möglichen Größen verarbeiten: Scheiben, Stifte, Raspel. Wenn Sie gerne mal ein hauchdünnes Gemüsecarpaccio herstellen wollen, dann empfehle ich allerdings einen Trüffelhobel.

Trüffelhobel

Ein Trüffelhobel (oder auch eine Trüffelreibe) gehört zu den kleinsten Reibeisen überhaupt. Ihr Zweck besteht darin, sehr dünne Trüffelscheibchen zu erzeugen, die so geschnitten ihr volles Aroma entfalten können. Mit dem Hobel lassen sich neben Trüffeln prima Pilze fürs Carpaccio hachdünn aufschneiden. Aber mit dem Hobel lassen sich auch Rohkostgerichte perfekt zubereiten, denn das Aroma der Gemüse wird dadurch intensiver.

Gemüseschäler

Sie wissen nicht, was ein Gemüseschäler ist? Bestimmt haben Sie einen zu Hause, denn er ist besser unter dem Namen Spargelschäler bekannt. Es gibt verschiedene Ausführungen von Gemüseschälern, ich bevorzuge die einfachen alten ohne jedes Extra. Egal, ob Sie ein einfaches oder ein schickes Modell zu Hause haben – es ist ein ganz wichtiges Küchenhilfsmittel beim Basenfasten, denn Gemüse gibt es in dieser Zeit genug zu schälen. Sie können damit Kartoffeln, Pastinaken, Schwarzwurzeln, Wurzelpetersilie, kurz alles schälen, was sich nicht nur durch die Gemüsebürste bearbeiten lässt. Wenn Sie doch keinen haben: Sie finden Gemüseschäler auf Wochenmärkten, in den Haushaltsabteilungen der Kaufhäuser und in vielen Supermärkten. Und sie sind preiswert.

Ingwerreibe

Die Anschaffung einer Ingwerreibe lohnt sich eigentlich nur dann, wenn Sie viel mit Ingwer kochen. Wenn Sie ein Freund der asiatischen Küche sind oder wenn Sie morgens gerne Ingwerwasser trinken, dann ist die Reibe angenehm, denn sie schließt den Ingwer gut auf, und das Ingweraroma entfaltet sich so schneller. Zudem vermeiden Sie dadurch, dass Sie auf die scharfen Ingwerstückchen beißen. Ingwerreiben sind in der Regel aus Porzellan oder aus Glas. Sie sind nicht so scharf wie Reiben aus Metall.

Keimgläser zur Sprossenzucht

Es gibt jede Menge Geräte auf dem Markt, um Sprossen selbst zu ziehen. Ich verwende am liebsten die einfachen Einmachgläser mit leicht zu reinigendem Metallschraubdeckel, wie sie die Firma Eschenfelder (www.eschenfelder.de oder www.e-biomarkt.de) anbietet. Alles andere ist zu viel Schnickschnack und zu platzraubend. Als ich in den Siebzigern begonnen habe, meine ersten Sprossen aus Linsen zu ziehen, habe ich ein Marmeladenglas verwendet und einen Fliegendraht aus einem Haushaltswarengeschäft darübergelegt. Das hat völlig ausgereicht. Mein Spartipp: Wenn Sie Samen zur Sprossenzucht einkaufen, müssen Sie nicht die teuren Spezialpäckchen kaufen. Kaufen Sie ganz normal große Packungen zu 250 oder 500 Gramm – beispielsweise Weizen, Sonnenblumenkerne, Linsen, Kichererbsen. Solange ihr Haltbarkeitsdatum nicht überschritten ist, müssen sie keimfähig sein.

Milchaufschäumer

Haben Sie noch in irgendeiner Schublade einen alten Milchaufschäumer aus den Zeiten, als Sie noch keine Espressomaschine hatten? Entstauben Sie ihn und verwenden Sie ihn zur Herstellung von basischen Salatsaucen. Ich jedenfalls habe meinen dazu umfunktioniert (obwohl ich keine Espressomaschine besitze). Die Saucenbestandteile vermengen sich mithilfe dieses Gerätes viel besser, als wenn Sie das von Hand versuchen, und es entsteht dabei ein kleiner Schaum, der Saucen so gourmetartig aussehen lässt. Mit dem Milchaufschäumer gelingt dies binnen weniger Sekunden. Wenn Sie doch keinen haben: Einen einfachen, batteriebetriebenen Milchaufschäumer gibt es für wenige Euro in Haushaltswarenabteilungen von Kaufhäusern.

Mixer

Wenn Sie eine Küchenmaschine haben, dann verfügen Sie auch über einen Mixer. Er ist zum Herstellen von Fruchtshakes unentbehrlich und ist zudem eine gute Alternative, wenn Sie keinen Entsafter haben und sich auch keinen zulegen können oder wollen. Ein Mixer kann nur relativ weiche Früchte wie Bananen, Kiwi, Mango, Ananas, alle Beerenarten, Pflaumen, Kirschen und Pfirsiche zerkleinern, aber das ist schon 'ne ganze Menge. Sie können mit einem Mixer auch Suppen pürieren, wenn Sie keinen Pürierstab haben.

Pürierstab

Ein Pürierstab, auch Zauberstab genannt, ist ein ganz wesentliches Hilfsgerät, um Gemüsecremesuppen herzustellen. Auch nach der Basenfastenzeit schaffen basische Cremesuppen schnell einen Ausgleich für zu viele Säuresünden. Im Rezeptteil dieses Buches und in unseren Basenfastenbüchern finden Sie jede Menge Ideen für Gemüsecremesuppen. Sollten Sie daher keinen Pürierstab besitzen – seine Anschaffung lohnt sich.

Scharfe Messer

Nicht nur in der asiatischen, auch in der basischen Gemüseküche brauchen Sie scharfe Messer. Von Messern mit dem sogenannten Wellenschliff raten Profis ab und empfehlen sehr scharfe Messer mit glatter Schneidfläche. Denn: Die schonende Zubereitung von Gemüse fängt mit dem Schneiden an. Mit scharfen und glatten Messern erhalten Sie beim Schneiden die meisten Vitalstoffe, denn es werden dadurch nur wenig Pflanzenzellen, die die wertvollen Nährstoffe enthalten, verletzt. Seit einigen Jahren gibt es besonders hochwertige Messer aus Keramik (z. B. von Kyocera bei www.keimling.de). Deren leichte Klingen sind extrem scharf und behalten ihre Schärfe erheblich länger als konventionelle Stahlklingen. Sie schneiden schnell und leicht, das Gemüse wird bei der Verarbeitung nicht gequetscht und bleibt nicht an der Klinge kleben. Ihre glatten Oberflächen sind zudem hygienisch und rosten nicht. Der einzige Nachteil: Sie dürfen nicht runterfallen, denn sie sind nicht bruchsicher. Ich wasche meine nach dem Schneiden immer selbst von Hand und lasse sie gleich wieder in der Schublade verschwinden. Das verlängert die Lebensdauer enorm.

Zitruspresse

Zitruspressen finden sich eigentlich mindestens in einer Ausführung in jedem Haushalt – aus Plastik, Glas oder Keramik. Es gibt auch elektrische Zitruspressen – ich bevorzuge einfache, mechanische, denn sie lassen sich viel schneller reinigen und brauchen nicht so viel Platz. Beim Basenfasten benötigen Sie die Zitruspresse für das basische Salatdressing und für das basische Müsli.

Immer al dente mit der Gemüsespaghettimaschine

Wer einmal Gemüsespaghetti gegessen hat, möchte so schnell nicht mehr drauf verzichten. Und wenn Sie Kinder haben, dann erst recht nicht. Kinderleicht geht es mit sog. Spirali (aus dem Fachhandel). Es handelt sich hierbei um eine Gemüsespaghettimaschine, die in Windeseile schön gleichmäßige Spaghetti aus Kartoffeln, Karotten oder Kohlrabi schneidet. Auch für Salate und tolle Gemüsedekorationen eignen sich die Gemüsespiralen – beispielsweise wenn es zum Blattsalat rohe Rote-Bete-Spirelli gibt. Rezepte mit Gemüsespaghetti finden Sie ab Seite 99.

Leckere basische Rezepte

Hier finden Sie neue, phantasievolle 100 Prozent basische Rezepte mit lauter gesunden und leckeren Zutaten – für jeden Geschmack und nach Saison, weil nur reifes Obst und Gemüse basenbildend ist. Übrigens sollten Sie dieses Buch nach Ihrer Basenfastenwoche nicht in die Ecke legen: Diese Gerichte schmecken auch nach dem Basenfasten und helfen im Alltag, kleine Säuresünden auszubügeln.

Heißes Wasser

🕐 3 Min.

- Wenn Sie morgens keine Lust auf einen Kräutertee haben, dann trinken Sie frisch abgekochtes Wasser einfach pur. Das ist ein wunderbarer Start in den Morgen und regt die Verdauungssäfte an. Verwenden Sie am besten reines Quellwasser dazu.

Ingwertee

▶ Für 2 Personen
🕐 7 Min.
    3–4 cm frischer Ingwer

- Ingwer schälen und in dünne Scheiben schneiden. Die Ingwerscheiben in einen Teebecher geben und siedendes Wasser darübergießen. Nach 3–5 Min. können Sie den Ingwertee trinken.

TIPP
Sie müssen nicht frühstücken, wenn Sie es nicht gewohnt sind. Auch ein Ingwertee ist ein gutes Morgengetränk.

Matteos Zitronen-melisse-Eistee

▶ Für den Vorrat
🕐 5 Min.
    1 Beutel Zitronenmelisse-Tee (oder 2 mittelgroße Zweige frische Zitronenmelisse), ½ Zitrone, 2 Orangen

- 1 Liter Zitronenmelissen-Tee kochen, im Kühlschrank abkühlen lassen, den Saft einer halben Zitrone und 2 ausgepresste Orangen zu der Mischung geben.

TIPP
Wahlweise kann auch frisch gepresster Apfel-, Kiwi- oder Mangosaft verwendet werden. Schmeckt köstlich! Mein Sohn Matteo (10 Jahre) hat dieses Rezept erfunden. Zitronenmelisse aus frischen Blättern gemacht schmeckt besonders aromatisch. Sie können aber auch getrocknete Zitronenmelisse kaufen, auch als Filterbeutel.

Kräutertee

▶ Für 2 Personen
🕐 10 Min.

- Kräutertee sollten Sie während Basenfasten immer in einer Thermoskanne bereithalten. Als Sorten eignen sich alle Mischungen einheimischer Kräuter wie Pfefferminze, Melisse, Kamille, Brennnessel, Brombeerblätter und Ringelblumen.

SO GEHT'S

Zitronenmelisse für die Fensterbank

Kaufen Sie sich einen Topf mit Zitronenmelisse für die Fensterbank, wenn Sie keine im Garten haben. Die Blätter sind eine erfrischende Beigabe zu Obstsalaten, können frisch oder getrocknet als Tee verwendet und zu Obst und Gemüse in den Entsafter gegeben werden. Im Garten ausgesetzt, wächst Zitronenmelisse gut und neigt sogar zum Wuchern.

Saft aus Äpfeln und Karotten mit Mandeln oder Walnüssen

▶ **Für 2 Personen**
◔ **7 Min.**

2 große Karotten · 5 Äpfel · 10 Mandeln oder frische Walnüsse

▬ Die Äpfel waschen und mit einem Apfelteiler in Schnitze schneiden.
▬ Die Karotten unter fließendem Wasser mit der Gemüsebürste abbürsten und in mittelgroße Stücke schneiden, sodass sie in den Entsafter passen.
▬ Abwechselnd Apfel-, Karottenstücke und Nüsse in den Entsafter geben.

Tipp
Wenn Sie Zutaten aus biologischem Anbau verwenden, müssen Sie nichts schälen.

Apfelsaft mit Karotten und Grapefruit

▶ **Für 2 Personen**
◔ **9 Min.**

4 Äpfel · 2 große Karotten · 1 Grapefruit
1 EL Sonnenblumenöl

▬ Die Äpfel waschen und mit einem Apfelteiler zerkleinern und entkernen.
▬ Die Karotten unter fließendem Wasser mit der Gemüsebürste abbürsten und in mittelgroße Stücke schneiden, sodass sie in den Entsafter passen. Abwechselnd Apfel- und Karottenstücke in den Entsafter geben. Das Öl unterrühren.
▬ Die Grapefruit halbieren, mit einer Zitruspresse entsaften und zum übrigen Saft geben.

◀ **Saft aus Äpfeln, Karotten und Walnüssen.**

Ananas-Kiwi-Shake

▶ Für 2 Personen
🕐 9 Min.
1 TL Mandelblättchen · ½ reife große Ananas oder 1 kleine reife Ananas, 2 reife Kiwis

- Die Mandelblättchen in einer Pfanne ohne Fett anrösten.
- Die Ananas schälen, den Strunk entfernen und die Ananas in grobe Würfel schneiden.
- Die Kiwis schälen, würfeln, mit der Ananas in einen Mixer geben und pürieren.
- Den fertigen Shake mit Mandelblättchen bestreut servieren.

Tipp

Fruchtshakes sind eine köstliche Erfrischung zum Frühstück oder als Zwischenmahlzeit am Vormittag, wenn Sie keinen Entsafter besitzen. Sie lassen sich mit einem Mixer schnell zubereiten.

Kohlrabi-Karotten-Saft mit Sesam und Sonnenblumenkernen

▶ Für 2 Personen
🕐 7 Min.
4 Kohlrabi, 2 große Karotten, 2 EL Sesam, 1 EL Sonnenblumenkerne, 1 EL Sonnenblumenöl

- Die Kohlrabi und die Karotten unter fließendem Wasser mit der Gemüsebürste abbürsten und in mittelgroße Stücke schneiden, sodass sie in den Entsafter passen.
- Zuerst die Sesamsamen und die Sonnenblumenkerne, dann die Gemüsestücke in den Entsafter geben.
- Zum Schluss das Sonnenblumenöl unter den Saft mischen.

Tipp

Verwenden Sie Gemüse aus biologischem oder biologisch-dynamischem Anbau – so können Sie die Schale und ihre wertvollen Vitalstoffe mit trinken.

Karotten-Zitronen-Saft mit Mandeln

▶ Für 2 Personen
🕐 7 Min.
5 große Karotten, 1 unbehandelte Zitrone, 1 EL Mandelmus

- Die Karotten kurz mit der Gemüsebürste unter fließendem Wasser abbürsten, den Ansatz abschneiden, und die Karotten in den Entsafter geben.
- Die Zitrone mit einer Zitruspresse entsaften, mit dem Mandelmus vermischen und unter den Karottensaft geben.

Tipp

Das Provitamin A der Karotte kann nur mit Fett zusammen vom Körper aufgenommen werden. Die Mandeln sind so fetthaltig, dass sie diesen Zweck erfüllen.

▶ Variante: Der Auswahl der Gemüse sind keine Grenzen gesetzt. Sie ist von Ihren persönlichen Vorlieben und davon, welche Sorten Sie vertragen, abhängig. Wenn Sie öfter mal die Gemüsesorten wechseln, profitieren Sie vom unterschiedlichen Mineralstoffgehalt der Gemüsesorten.

◀ Ananas-Kiwi-Shake.

Das basische Müsli

In der Basenfastenwoche bildet das basische Müsli eine optimale Grundlage für den Tag. Es sättigt, schmeckt superlecker und kurbelt die Verdauung an. Das Besondere an diesem Müsli: Es ist ohne Milch, Sahne oder Joghurt und ohne Getreide. Anstelle des süßen Getreideanteils enthält es Erdmandelflocken –, die basisch verstoffwechselt werden und bekömmlicher sind als Getreide.

Probieren Sie die vielen Varianten, die das basische Müsli bietet. Auch Rosinen, Sultaninen und klein geschnittenes Trockenobst wie Aprikosen, Pflaumen, Papayas, Feigen oder Datteln bereichern das basische Müsli. Verwenden Sie immer die Obstsorten, die gerade Saison haben – so wird das Müsli nie langweilig und kann auch nach dem Basenfasten ein fester Bestandteil Ihres Speiseplans sein.

INFO

Kleine Warenkunde: Chufas Nüssli

Chufas Nüssli, auch Erdmandelflocken genannt, sind Wurzelknöllchen, die vom Aussehen her an Mandeln erinnern. Sie sind sehr ballaststoffreich und enthalten auch viel Vitamin E und B-Vitamine. Reformhäuser und auch manche Naturkostläden haben sie vorrätig. In Apotheken können sie innerhalb weniger Stunden besorgt werden (Pharmazentralnummer: 2 762 926).

Grundrezept Basisches Müsli

▶ **Für 2 Personen**
🕑 **8 Min.**

2 reife Bananen · 1 Apfel aus biologischem Anbau
4 TL Erdmandelflocken (Chufas Nüssli) · Saft einer
½ Zitrone · 1 EL Mandelblättchen

- Die Bananen mit einer Gabel zerdrücken.
- Den Apfel nur waschen, nicht schälen und klein raspeln.
- Die Mandelblättchen zusammen mit Chufas Nüssli und dem Zitronensaft untermischen.

▶ **Varianten:** Anstelle der Mandeln ist auch 1 TL Mandelmus lecker. Anstelle der Chufas Nüssli sind auch Sonnenblumenkerne, Blütenpollen oder 2 TL geschroteter Leinsamen geeignet. Auch einige milde Sprossensorten wie etwa Linsenkeimlinge schmecken im Müsli hervorragend.

Tipp

Wenn Sie morgens 2 Brötchen gewohnt sind und sich nicht vorstellen können, nur von Obst satt zu werden, dann ist ein basisches Müsli genau das Richtige für Sie. Und damit es nicht langweilig wird, können Sie es beliebig mit basischen Zutaten variieren. Und als 2. Frühstück können Sie immer noch eine Banane, eine Karotte oder einen Kohlrabi essen.

◀ Grundrezept Basisches Müsli.

FRÜHSTÜCK

Mangoshake mit Minneolas

▶ Für 2 Personen
🕐 9 Min.

2 reife Mangos (falls möglich Flug-mangos) · 2 mittelgroße Minneolas (wahlweise Saftorangen) · 2 Msp. Bourbonvanille

- Die Mangos schälen, den Kern ent-fernen und das Fruchtfleisch in den Mixer geben.
- Die Saftorangen mit einer Zitrus-presse entsaften und den Saft nach und nach zu den Mangos in den Mixer geben und vermischen. Die Vanille dazugeben und vermischen.

Bratapfel mit Mandelmus

▶ Für 2 Personen
🕐 10–15 Min.

2 große schöne Äpfel · 2 EL Mandel-mus · 2 TL gehackte Mandeln

- Die Äpfel waschen, das Gehäuse mit einem Apfelentkerner entfernen und erst das Mandelmus, dann die gehackten Mandeln hineinfüllen.
- Die Äpfel in eine feuerfeste Form geben und 3 bis 4 Esslöffel Wasser auf dem Boden der Form verteilen. Die Äpfel im Backofen bei 180 Grad so lange erwärmen, bis die Apfel-schale leicht braun wird.

Vanillebananen mit Mandeln

▶ Für 2 Personen
🕐 5 Min.

3 sehr reife Bananen · 1 TL Agaven-sirup · 2 TL Mandelsplitter · 1 Msp. Bourbonvanille

- Die Bananen schälen und der Länge nach halbieren.
- Eine Pfanne erhitzen, die Bananen-hälften hineinlegen und den Agavensirup darüberträufeln.
- Die Bananen kurz andünsten, wen-den und die Mandeln zugeben. Die Bananen auf 2 Teller verteilen und das Vanillepulver darüber verteilen.

Tipp

Die gedünsteten Bananen sind so lecker, sie eignen sich prima auch als Dessert.

INFO

Kleine Warenkunde: Minneolas

Minneolas sind eine Kreuzung aus Orangen und Mandarinen. Sie haben be-sonders viel Saft und ein köstliches Orangen-Mandarinen-Aroma. Anders als Orangen sind sie nur in den Wintermonaten zu bekommen. Sie finden Sie auf Wochenmärkten und in gut sortierten Gemüsegeschäften – auch häufig in tür-kischen Lebensmittelgeschäften. Allergiker sollten mit Säften und Shakes, die Zitrusfrüchte enthalten, zurückhaltend sein. Der Stoffwechsel kann bei Aller-gien größere Mengen an Zitrusfrüchten nicht basisch verstoffwechseln.

Basisches Müsli mit Maracuja

▶ **Für 2 Personen**
🕐 **7 Min.**
2 reife Bananen · 2 reife Maracujas · 4 TL Erdmandelflocken
(Chufas Nüssli) · 1 EL gemahlene Mandeln

- Die Bananen schälen und in kleine Scheiben schneiden.
- Die Maracujas halb aufschneiden, den Saft mit einem Löffel
  herausholen und über die Bananen verteilen. Die gemahlenen Mandeln und die Erdmandelflocken untermischen.

TIPP

**Reife Maracujas erkennt man daran,
dass sie verschrumpelt aussehen.**

Würziges Wintermüsli

▶ **Für 2 Personen**
🕐 **7 Min.**
2 reife Bananen · 1 Apfel, 1 EL Rosinen · 4 TL Erdmandelflocken (Chufas Nüssli) · 1 Msp. gemahlener Zimt
1 Msp. gemahlener Kardamom 1 Msp. Bourbonvanille
1 Mandarine

- Die Bananen schälen und in kleine Scheiben schneiden.
- Den Apfel waschen, mit dem Apfelschneider in Achtel teilen
  und die Stücke dann in dünne Scheiben schneiden. Die
  Rosinen, die Erdmandelflocken sowie Zimt, Kardamom und
  Vanille unter das Obst mischen.
- Die Mandarine auspressen und über das Müsli verteilen.

◀ Basisches Müsli mit Maracuja.

Vitamin-C-Drink mit Jostabeeren

▶ Für 2 Personen
🕑 7 Min.
1 Schale Jostabeeren · 1 Apfel
1 Karotte · 1 EL Sonnenblumenkerne

- Die Jostabeeren waschen, abtropfen lassen. Den Apfel waschen und mit einem Apfelteiler zerkleinern.
- Die Karotte unter fließendem Wasser mit der Gemüsebürste abbürsten und in mittelgroße Stücke schneiden, sodass sie in den Entsafter passt.
- Alle Zutaten abwechselnd in den Entsafter geben, damit die weichen Jostabeeren keinen »Saftstau« verursachen. Sie brauchen etwas länger, bis sie ganz entsaftet sind, was durch die härtere Karotte etwas abgefangen wird.

Saft von schwarzen Johannisbeeren und Äpfeln

▶ Für 2 Personen
🕑 7 Min.
5 Äpfel · ½ Schale schwarze Johannisbeeren

- Die Äpfel waschen und mit einem Apfelteiler zerkleinern und entkernen.
- Die schwarzen Johannisbeeren waschen und abtropfen lassen. Abwechselnd Apfelstücke und schwarze Johannisbeeren in den Entsafter geben.

TIPP

Da Johannisbeeren sehr weich und saftreich sind, müssen Sie eine etwas längere Entsaftungszeit einplanen.

ACE-Saft mit schwarzen Johannisbeeren

▶ Für 2 Personen
🕑 7 Min.
3 Äpfel · 2 Karotten · ½ Schale schwarze Johannisbeeren
1 EL Sesamöl oder 1 EL Sesam

- Die Äpfel waschen und mit einem Apfelteiler zerkleinern und entkernen.
- Die Karotten unter fließendem Wasser mit der Gemüsebürste abbürsten und in Stücke schneiden, sodass sie in den Entsafter passen.
- Die schwarzen Johannisbeeren waschen und abtropfen lassen. Abwechselnd Apfelstücke, Karotten und Johannisbeeren in den Entsafter geben.
- Das Öl unterrühren. Wenn Sie Sesam verwenden, geben Sie die Samen mit den Apfel- und Karottenstücken in den Entsafter.

SO GEHT'S

Wie Sie Säfte richtig trinken

Verzehren Sie den Saft so, als würden Sie ihn essen. Dadurch werden die Mineralien und Vitamine besser von der Mundschleimhaut aufgenommen. Viele Menschen glauben, sie könnten keinen Saft vertragen – sobald sie ihn langsam verzehren, bekommt ihnen der Saft viel besser.

Stachelbeershake mit Bananen

▶ Für 2 Personen
🕐 9 Min.

1 große Schale reife, weiche Stachelbeeren · 1 reife Banane · ½ Zitrone · 1 EL gemahlene Mandeln

- Die Stachelbeeren waschen, abzupfen und mit der geschälten Banane in den Mixer geben.
- Die Zitrone auspressen und zum Stachelbeer-Bananen-Mix geben.
- Die gemahlenen Mandeln über den fertigen Shake streuen.

Frisch gepresster Apfel-Zitronenmelisse-Saft

▶ Für 2 Personen
🕐 7 Min.

8 knackige Äpfel · 2 Hand voll frische Zitronenmelisse

- Die Äpfel waschen und mit dem Apfelschneider in Achtel teilen. Zuerst die Zitronenmelisseblätter (2 Stück zurückbehalten), dann die Apfelstücke in den Entsafter geben und auspressen.
- Mit den Zitronemelisseblättern verziert servieren.

Tipp

Wenn Sie Äpfel aus biologischem Anbau verwenden, brauchen Sie sie nicht zu schälen.

Beerensalat mit Zitronenmelisse-Dressing

▶ Für 2 Personen
🕐 10 Min.

½ Schale Himbeeren · ½ Schale Heidelbeeren · ½ Zitrone · 1 TL Agavensirup · einige Blätter Zitronenmelisse

- Die Beeren waschen und abtropfen lassen.
- Die Zitrone auspressen, mit dem Agavensirup und der klein gezupften Zitronenmelisse vermischen und über die Beeren verteilen.

Tipp

Sind Sie ein Wenigesser? Es reicht völlig, wenn Sie 1 bis 2 Obstsorten am Morgen essen. Vorsicht: Nehmen Sie sich nicht zu viel Obst vor, wenn Sie morgens nicht sehr hungrig sind – vielleicht genügt ein kleiner Obstsalat. Auch ein frisch gepresster Saft ist ideal: Er bringt Vitalstoffpower für den Tag und macht munter.

SO GEHT'S

Das einfache Obstfrühstück

2–3 Obstsorten (je nach Jahreszeit)
Im Winter eignen sich z. B. 2 Bananen und 1 Apfel. Im Sommer und Herbst können Sie Beeren, Trauben, Pfirsiche, Pflaumen wählen – ganz nach Belieben. Natürlich können Sie das Obst einfach so essen. Genussvoller ist es, wenn Sie es schneiden, auf einem Teller anrichten und mit ein paar Blättchen Pfefferminze oder Zitronenmelisse dekorieren – so ist es appetitlicher. Wenn es schnell gehen muss und Sie morgens keinen Hunger haben: Packen Sie sich eine Banane und einen Apfel oder ein anderes Obst der Saison ein und verzehren Sie es in Ruhe in Ihrer Frühstückspause.

Sommerlicher Beerenshake

▶ Für 2 Personen

⊙ 9 Min.

1 kleine Schale reife Bio-Erdbeeren 1 kleine Schale Himbeeren · 1 Banane · einige frische Blätter Zitronenmelisse

- Die Erdbeeren waschen, abzupfen und in den Mixer geben.
- Die Himbeeren waschen und mit der geschälten Banane in den Mixer geben. Mit den gewaschenen Blättern der Zitronenmelisse verziert in Glasschalen servieren.

Sommerliche Melonenschale mit Minze und Beeren

▶ Für 2 Personen

⊙ 8 Min.

1 kleine reife Netzmelone · 2 Hände voll Erdbeeren · 1 Hand voll Heidelbeeren · 1 TL gehackte Mandeln einige frische Pfefferminzblätter

- Die Melone achteln, schälen und die Kerne im Innern mit einem Löffel herausschälen. Das Melonenfruchtfleisch in kleine, mundgerechte Stücke schneiden.
- Die Erdbeeren waschen, abzupfen, vierteln und mit den Melonen vermengen.
- Die Heidelbeeren waschen und unter die Obststücke mischen. Mit den Pfefferminzblättern und den gehackten Mandeln garniert servieren.

Mango-Himbeer-Traum

▶ Für 2 Personen

⊙ 5 Min.

2 sehr reife Flugmangos · 1 Hand voll reife Himbeeren · 3–5 Blättchen frische Zitronenmelisse

- Die Mangos schälen, den Kern entfernen und die Mangos über der Schüssel in kleine Stücke schneiden, damit der Saft nicht verloren geht.
- Die Himbeeren und die Zitronenmelisseblätter abwaschen und über die Mangostücke verteilen.

Tipp

Für dieses Rezept habe ich die Sorte »Amelie« verwendet – eine sehr reife, kurzfaserige, biologisch-dynamische Flugmango. Kommentar meines Sohnes Matteo: Diese Mango hat nichts Materielles mehr, die ist nur noch reiner Geschmack – hmmmmm …

Ananas-Himbeer-Müsli

▶ Für 2 Personen

⊙ 7 Min.

1 kleine reife Flugananas · ½ Schale Himbeeren · 4 TL Erdmandelflocken · 1 EL gehackte Mandeln · einige Blättchen
frische Pfefferminze

- Die Ananas schälen, den Strunk entfernen und die Ananas
  in kleine Stückchen schneiden.
- Die Himbeeren vorsichtig waschen, abtropfen lassen und
  über die Ananasstückchen verteilen.
- Die Erdmandelflocken und die gehackten Mandeln unter
  das Obst mischen. Mit Pfefferminzeblättchen verziert
  servieren. Schmeckt köstlich.

Buntes Beerenmüsli

▶ Für 2 Personen

⊙ 5 Min.

1 kleine Schale reife Erdbeeren · 1 kleine Schale gelbe
reife Himbeeren · 1 kleine Schale Heidelbeeren · Saft von
½ Zitrone · 2 EL Erdmandelflocken · einige frische Zitronenmelisseblätter

- Die Erdbeeren waschen, die Blättchen abzupfen und die
  Erdbeeren vierteln. Die Himbeeren und die Heidelbeeren
  waschen, abtropfen lassen und mit den Erdbeeren vermischen.
- Die Zitrone auspressen und mit den gewaschenen Zitronenmelisseblättern und den Erdmandelflocken unter die
  Beeren heben.

Tipp

Wenn Sie keine gelben Himbeeren finden, können Sie
selbstverständlich auch die rote Sorte verwenden. Gelbe
Himbeeren findet man meist nur auf Wochenmärkten.

◀ Sommerlicher Beerenshake.

49

Saft aus Kiwi, Birnen und Orangen

▶ Für 2 Personen
🕐 9 Min.

2 Kiwis · 4 reife Birnen · 1 Orange

– Die Kiwis schälen, halbieren, die Birnen entkernen, in kleine Schnitze schneiden. Alles in den Entsafter geben.
– Die Orange mit der Zitruspresse entsaften und mit dem Birnen-Kiwi-Saft vermischen.

Apfel-Birnen-Saft

▶ Für 2 Personen
🕐 4 Min.

4 reife Birnen · 4 mittelgroße Äpfel
6 Pfefferminzblätter

– Die Birnen waschen, entkernen und in kleine Schnitze schneiden.
– Die Äpfel waschen und mit dem Apfelschneider in Achtel teilen und zusammen mit den Birnen und 4 Minzeblättern in den Entsafter geben.
– Den Saft in Gläser füllen und mit der restlichen Minze garnieren.

Tipp
Die Pfefferminze schenkt dem Saft eine besonders frische Note.

Frisch gepresster Quitten-Karotten-Saft

▶ Für 2 Personen
🕐 7 Min.

6 reife Apfel- oder Birnenquitten
2 Karotten · 1 EL Erdmandelflocken

– Die Quitten waschen, achteln, das Kerngehäuse entfernen und die Quitten in den Entsafter geben.
– Die Karotten unter fließendem Wasser mit der Gemüsebürste abbürsten und in mittelgroße Stücke schneiden, sodass sie in den Entsafter passen.
– Die Quitten und die Karotte entsaften und die Erdmandelflocken untermischen.

Tipp
Quittensaft schmeckt herb und leicht säuerlich – meine Kinder lieben ihn. Mir selbst ist er zu herb, ich verfeinere ihn gerne mit einer Karotte oder verwende 2 Äpfel und 2 Quitten für den Saft.

Herbstliche Bratquitte

▶ Für 2 Personen
🕐 10–15 Min.

2 große, schöne Apfel- oder Birnenquitten · 2 TL gehackte Mandeln

– Die Quitten waschen und in eine feuerfeste Schale geben. Den Boden der Schale mit 3 bis 4 Esslöffel Wasser füllen.
– Die Quitten im Backofen bei 180 Grad so lange erhitzen, bis Ihre Schale anfängt, braun zu werden. Mit den gehackten Mandeln bestreut servieren.

Tipp
Quitten gibt es nur eine kurze Zeit im Jahr – von Ende Oktober bis Dezember. Die Quitte schmeckt etwas herb und ist vor allem für die Menschen geeignet, die den Geschmack süß nicht so gerne mögen. Quitten sind sehr eisenhaltig – ihr Eisen ist vom Körper gut aufnehmbar und führt nicht zur Verstopfung wie dies bei Eisenkapseln der Fall ist.

Ananas-Birnen-Saft

▶ Für 2 Personen
⊘ 9 Min.

1 reife mittelgroße Ananas · 4 reife Birnen · einige Blättchen Zitronenmelisse

━ Die Ananas schälen und in grobe Stücke schneiden, die in den Entsafter passen.
━ Die Birnen waschen, entkernen und in grobe Schnitze schneiden. Die Ananasstücke und die Birnenschnitze in den Entsafter geben und entsaften.
━ Mit den Zitronenmelisseblättchen verziert servieren.

Tipp

Wenn die Birnen schon sehr reif und weich sind, können Sie die Birnen- und die Ananasstücke einfach in den Mixer geben und einen Shake daraus herstellen. Geht blitzschnell und ist genauso basisch.

Pflaumenshake mit Walnüssen

▶ Für 2 Personen
⊘ 9 Min.

500 g weiche reife Pflaumen · 2 reife Bananen · 2 Msp. Zimt · 1 TL gehackte frische Walnüsse

━ Die Pflaumen waschen, entkernen und die Pflaumen in den Mixer geben.
━ Die Bananen schälen, mit dem Zimt in den Mixer geben und aufmixen.
━ Die gehackten Walnüsse über die fertigen Shakes verteilen.

Brombeer-Pfirsich-Müsli

▶ Für 2 Personen
⊘ 7 Min.

2 reife Pfirsiche oder 2 Hand voll reife Brombeeren · 4 TL Erdmandelflocken · 2 EL gehackte Walnüsse 1 TL Bourbonvanille

━ Die Pfirsiche waschen, entkernen und das Fruchtfleisch in kleine Stücke schneiden.
━ Die Brombeeren waschen, abtropfen lassen und über die Pfirsiche verteilen.
━ Die Erdmandelflocken, die gehackten Walnüsse und das Vanillepulver unter das Obst mischen.

▶ **Variante:** Probieren Sie dieses Müsli auch einmal mit reifen Nektarinen oder mit Aprikosen. Verwenden Sie dazu anstelle der Pfirsiche 2 reife Nektarinen oder 6 reife Aprikosen. So kommt Abwechslung in die Herbstmüslis.

Flugmango mit Kiwi

- Die Flugmango waschen, schälen und in kleine Stücke schneiden.
- Die Kiwis waschen, schälen, halbieren und in Scheiben schneiden.
- Beide Obstsorten mischen und mit den Mandelblättchen vermengen. Mit den Zitronenmelisseblättern verzieren.

Tipp

Flugmangos oder Flugananas werden im Flugzeug angeliefert, haben so einen kürzeren Reiseweg und können entsprechend reif geerntet werden. Flugananas sind inzwischen auf allen Wochenmärkten zu bekommen, Flugmangos findet man noch nicht allzu oft. Sie können auch eine auf dem Schiffsweg eingeführte Mango kaufen. Achten Sie aber darauf, dass sie schön gelb und reif ist.

▶ **Für 2 Personen**
⊗ **5 Min.**
- 1 Flugmango
- 2 Kiwis
- 1 EL Mandelblättchen
  einige frische Blättchen
  Zitronenmelisse

INFO

Wenn Sie kein Obst vertragen

Es gibt viele Allergiker, die Obst nicht vertragen, weil sie Blähungen oder Hautausschläge bekommen. In diesem Fall gibt es folgende Möglichkeiten:

- Wenn Sie morgens keinen oder wenig Hunger haben, verzichten Sie völlig auf das Frühstück und trinken Sie bis zum Mittag 1–1,5 Liter verdünnten Kräutertee oder heißes Wasser. Das gibt dem Bauch ein wenig das Gefühl, etwas drinzuhaben.
- Die 2. Möglichkeit ist, eine Gemüsebrühe zu trinken. Gewiss, das klingt seltsam. Aber in asiatischen Ländern ist es durchaus üblich, morgens Gemüse und/oder Getreide zu essen.
- Die 3. Möglichkeit ist, einen frisch gepressten Gemüsesaft zu trinken.

Spinatsalat mit frischen Steinchampignons

▶ Für 2 Personen

🕑 10 Min.

5 Hände voll junge (kleine) Spinatblätter · 10–12 frische Steinchampignons · 1 Schalotte · 1 EL frische Kresse · Zutaten für das Karotten-Dressing (S. 61)

- Die Spinatblätter waschen, falls nötig, die Stiele etwas abschneiden.
- Die Steinchampignons putzen und in hauchdünne Scheiben schneiden – am besten mit einem Trüffelhobel.
- Die Schalotte sehr fein hacken, das Karotten-Dressing zubereiten und unter die Spinatblätter mischen.
- Die Kresse und die Steinchampignons locker darüber verteilen.

▶ **Variante:** Wenn Sie heute besonders hungrig sind, können Sie den Spinatsalat noch mit Karottenspaghetti erweitern. Verwenden Sie dazu 1 große gerade Karotte. Säubern Sie die Karotte unter fließendem Wasser mit der Gemüsebürste und drehen Sie mit der Gemüsespaghettimaschine (Lurch Spirali) Spaghetti daraus. Mischen Sie die Karottenspaghetti unter den Spinatsalat.

Bataviasalat mit Rotkohlsprossen

▶ Für 2 Personen

🕑 10 Min.

1 Kopf Bataviasalat · 1 Hand voll Rotkohlsprossen · wahlweise Rettich- oder Rote-Bete-Sprossen · Zutaten für das Petersilien-Dressing (S. 61)

- Den Bataviasalat waschen, klein zupfen und abtropfen lassen.
- Das Petersilien-Dressing zubereiten und mit den Bataviablättern vermischen.
- Die Rotkohlsprossen locker über den Salat verteilen.

Eisbergsalat mit Kräutern der Saison und Karottenraspeln

▶ Für 2 Personen

🕑 10 Min.

1 kleiner Eisbergsalat · 1 Karotte 1 kleine Zwiebel · 2 EL Kichererbsensprossen · Zutaten für das Sonnenblumenkern-Dressing (S. 60)

- Den Eisbergsalat putzen, die Blätter klein zupfen und waschen.
- Die Karotte unter fließendem Wasser mit der Gemüsebürste säubern und fein raspeln.
- Die Zwiebel schälen, klein schneiden und mit dem Sonnenblumenkern-Dressing vermischen.
- Die Kichererbsensprossen über den Salat verteilen.

▶ **Variante:** Anstelle der Kichererbsensprossen können Sie auch andere Sprossen verwenden – beispielsweise Rotkohlsprossen, Sonnenblumenkernsprossen oder Kresse.

◀ Spinatsalat mit Steinchampignons.

Salat von Kohlrabi-spaghetti

▶ **Für 2 Personen**
⏱ **15 Min.**

2 große Kohlrabi · ½ kleine Zwiebel
Kräutersalz · 1 Schälchen Garten-
oder Brunnenkresse · Zutaten für
das Karotten-Dressing (S. 61)

- Die Kohlrabi waschen und schälen. Die kleineren Blättchen vom Kohlrabi aufbewahren.
- Kohlrabi mithilfe einer Gemüse-spaghettimaschine (S. 35) zu dünnen Spiralen verarbeiten. Die Zwiebel schälen, klein würfeln und zu den Kohlrabispaghetti geben.
- Das Dressing zubereiten, unter die Kohlrabispaghetti mischen und den Salat mit der Kresse dekorieren.

▶ **Variante:** Dieser Salat lässt sich auch sehr gut mit einigen schwarzen Oliven und/oder einigen halbierten Kirschtomaten verfeinern.

Carpaccio von frischen Egerlingen

▶ **Für 2 Personen**
⏱ **20 Min.**

150 g schöne große Egerlinge · 2 reife
Tomaten · schwarzer Pfeffer aus der
Mühle · 1 TL Olivenöl · 1 EL frisch
gepresster Zitronensaft · einige Blättchen frisches Basilikum

- Die Egerlinge putzen und in hauch-dünne Scheiben schneiden.
- Die Tomaten waschen und sehr fein würfeln.
- Die Pilzscheiben auf 2 großen Tellern dekorativ auslegen und die Tomatenwürfel mit den Basilikum-blättern darüber verteilen.
- Aus dem Olivenöl, dem Zitronen-saft, dem Salz und dem Pfeffer eine Marinade zubereiten und über die Egerlinge geben.

Chicoréesalat mit Aprikosen

▶ **Für 2 Personen**
⏱ **10 Min.**

1 großer Chicorée · 3 getrocknete
ungeschwefelte Aprikosen · 1 EL
gehackte Mandeln · Zutaten für das
Karotten-Dressing (S. 61)

- Den Chicorée waschen, den Strunk entfernen und etwa 2/3 der Chico-réeblätter in kleine Streifen schneiden.
- Die Aprikosen in kleine Scheiben schneiden, unter die Chicoréeblätter geben und mit dem Karotten-Dressing vermischen. Die Mandeln über den Salat verteilen.
- Die restlichen Chicorée als Deko auf die Teller legen.

Tipp

Verwenden Sie anstelle der ge-trockneten Aprikosen ruhig mal frische Feigen. Das geht natürlich nur, wenn Sie im Hochsommer oder Herbst an wirklich reife Feigen kommen. Vielleicht haben Sie welche im Garten oder das Glück, zu dieser Zeit in einem südlichen Land zu sein.

Karottensalat mit Pastinaken und Kresse

▶ **Für 2 Personen**

⏱ **15 Min.**

1 große Karotte · 1 große Pastinake · 1 Zwiebel · 1 Schälchen grüne Gartenkresse · Zutaten für das Petersilien-Dressing (S. 61)

■ Die Karotte unter fließendem Wasser mit der Gemüse-bürste säubern. Die Pastinake und die Karotte schälen, waschen und fein raspeln.

■ Die Zwiebel klein hacken, das Dressing zubereiten und unter die Pastinake und die Karotte mischen.

■ Die Kresse dekorativ auf dem Salat verteilen.

TIPP

Dieser Salat kann auch in größerer Menge für einige Tage auf Vorrat hergestellt werden und eignet sich gut als Beilage für einen grünen Salat.

Rote-Bete-Kohlrabi-Salat mit Sesam

▶ **Für 2 Personen**
⊙ **15 Min.**
1 mittelgroße Rote Bete · 1 mittelgroßer Kohlrabi · 1–2 EL Sesam
Zutaten für das Wildkräuter-Dressing
(S. 60)

- Rote Bete und Kohlrabi waschen,
  schälen und auf dem Gemüsehobel
  raspeln.
- Das Wildkräuter-Dressing zubereiten und mit dem Sesam unter
  die Rote-Bete-Kohlrabi-Mischung
  geben.
- Den Salat vor dem Verzehr einige
  Stunden durchziehen lassen.

Tipp

**Wenn Sie Rohkost nicht so gut
vertragen, essen Sie den Salat mit
vorgekochter Roter Bete. Lassen
Sie die Kohlrabi weg, verwenden
Sie dafür 2 vorgekochte Rote Bete
und schneiden Sie sie in dünne
Scheiben. Stellen Sie das Wild-
kräuterdressing wie beschrieben
her und mischen Sie das Dressing
und die Sesamkörner unter die
Rote Bete.**

Rote-Bete-Navets-Salat mit Sonnen-blumenkernen

▶ **Für 2 Personen**
⊙ **15 Min.**
1 mittelgroße Rote Bete · 1 mittel-
großes Navets-Rübchen · 2 EL Sonnenblumenkerne · Zutaten für das
Petersilien-Dressing (S. 61)

- Die Rote Bete und das Navets-Rüb-
  chen waschen, schälen und auf dem
  Gemüsehobel mittelfein raspeln.
- Die Sonnenblumenkerne und das
  Dressing dazugeben und alles ver-
  mischen.

Salat von weißem Rettich

▶ **Für 2 Personen**
⊙ **15 Min.**
1 großer weißer Rettich · 1 kleine
Zwiebel · 1 EL Sesam, etwas Petersilie · Zutaten für das Petersilien-
Dressing (S. 61)

- Den Rettich schälen und klein
  raspeln.
- Die Zwiebel schälen und klein
  hacken.
- Das Dressing und den Sesam mit
  der Petersilie unter den Rettich
  mischen.

Salat von Urkarotten mit Senfkeimlingen

▶ **Für 2 Personen**

⊙ **15 Min.**

4 mittelgroße Urkarotten · 1 kleine Zwiebel · 1 EL Sonnen-blumenkerne oder Sonnenblumenkeimlinge · 1 EL Senf-keimlinge · Zutaten für das Wildkräuter-Dressing (S. 60)

- Die Urkarotten waschen, mit der Gemüsebürste abreiben und auf dem Gemüsehobel raspeln. Die Zwiebel schälen und fein hacken.
- Das Wildkräuter-Dressing unter die Karotten und Zwiebeln mischen.
- Die Sonnenblumenkerne oder die Sonnenblumenkeimlinge und die Senfkeimlinge über den Salat verteilen.

INFO

Kleine Warenkunde: Urkarotten

Die Urkarotte ist eine alte, aus der Mode gekommene Urform der uns bekannten orangefarbenen Karotte. Sie ist außen blaulila und nur wenn man sie aufschneidet, erkennt man im Innern das Karottenorange. Sie schmeckt viel süßer und enthält – sofern sie aus bio-logisch-dynamischem Anbau ist – etwa 40 Prozent mehr Betacarotin als herkömmliche Karotten. Außer-dem enthält sie eine beträchtliche Menge Anthocyane – bioaktive Stoffe, die für die herzschützende Wirkung verantwortlich gemacht werden. Die Urkarotte gibt es in gut sortierten Naturkostläden, in Gemüsegeschäften und inzwischen auch auf dem Wochenmarkt zu kaufen.

Meeresalgensalat mit Lotuswurzeln

▶ **Für 2 Personen**

⊙ **15 Min.**

1 Hand voll getrocknete Lotuswurzeln · 15 g Wakame-Algen instant · 1 TL Sesam · 1 EL geröstetes Sesamöl · 2 Msp. Ingwerpulver (oder etwas geriebenen frischen Ingwer)

- Die Lotuswurzeln 2 Stunden in so viel Wasser einweichen, dass die Wurzeln bedeckt sind. Anschließend die Lotus-wurzeln einige Min. lang dünsten.
- Wakame-Algen in ein Glasgefäß mit warmem Wasser geben – nur so viel Wasser, dass es gerade von den Algen aufgesogen wird.
- Die Algen mit dem Sesamöl vermischen, Sesam, Ingwer und die Lotuswurzeln dazugeben.

Tipp

Würzen Sie nicht extra, denn die Algen sind an sich schon sehr salzig. Wakame instant bekommen Sie in Reformhäusern, Bioläden und Asienshops. Sie können auch normale Wakame verwenden, müssen diese dann aber auch gemäß der Packungsbeschreibung einwei-chen und dünsten. Dieser Salat ist ein basischer Hoch-genuss für alle Asienfans. Er eignet sich aufgrund seines hohen Jodgehalts nur als Beilage – beispielsweise zu Sojasprossensalat. Wenn es ganz schnell gehen soll, dann lassen Sie die Lotuswurzeln weg – schon ist der Salat in 5 Min. fertig.

▶ **Wichtig:** Algen sind von Natur aus reich an Jod. Bei Stö-rungen der Schilddrüsenfunktion sollten Sie daher nur kleinste Mengen von diesem Salat essen. Die Deutsche Gesellschaft für Ernährung empfiehlt, pro Tag nicht mehr als ½ TL Algen zu verzehren.

Salatdressings

Basische Salatdressings verfeinern Blattsalate und herzhafte Rohkostsalate nicht nur während der Basenfastenzeit, sondern auch danach. Ob mit Tomate, Kohlrabi oder Mandarine – je nach Jahreszeit finden Sie die passende Salatsauce.

Basisches Grunddressing

▶ **Für 2 Personen**
🕐 **3 Min.**

4 EL kaltgepresstes Sonnenblumenöl · Saft von 1 kleinen Zitrone · etwas Kräutersalz · etwas frisch gemahlener schwarzer Pfeffer

- Alle Zutaten miteinander vermischen und über den Salat geben.

▶ **Verfeinerungsmöglichkeiten:** klein gehackte frische Kräuter der Saison, Frühlingszwiebeln, Sesamsalz (Gomasio) oder Ölsaatenmischung. Himalayasalz, Ölsaatenmischung und Sesamsalz gibt es in Reformhäusern und Naturkostläden.

Sonnenblumenkern-Dressing

▶ **Für 2 Personen**
🕐 **5 Min.**

1 kleine Zwiebel · 4 EL Sonnenblumenöl · Saft von 1 kleinen Zitrone 1 – 2 Prisen Kräutersalz · frisch gemahlener bunter Pfeffer · 2 EL Sonnenblumenkerne · 1 Schälchen frische Kresse

- Die Zwiebel klein schneiden, alle Zutaten mischen und gut verrühren.
- Die Kresse erst dazugeben, wenn der Salat angerichtet wird.

Wildkräuter-Dressing

▶ **Für 2 Personen**
🕐 **7 Min.**

1 Hand voll Wildkräuter · 4 EL Sesamöl · Saft von 1 kleinen Zitrone 1 Frühlingszwiebel · 1 Pr. Sesamsalz

- Wildkräuter waschen und klein hacken. Die Frühlingszwiebel waschen, putzen und in Ringe schneiden.
- Aus den Zutaten das Dressing zubereiten und mit den Zwiebeln und Wildkräutern vermischen.

INFO

Basische Salatsaucen

Essig und Senf wirken sauer und haben während der basischen Fastenwoche nichts in unseren Salatsaucen zu suchen. Da wir die Fastenwochen völlig frei von tierischem Eiweiß halten wollen, ist auch Sahne oder Joghurt nicht für die Salatsauce geeignet. Achten Sie beim Kauf von Gewürzmischungen darauf, dass sie keine Geschmacksverstärker enthalten (Glutamate und Guanylate). Sie verfremden die Geschmackswahrnehmung und mindern das sensible Geschmackserleben.

Tomaten-Dressing

▶ **Für 2 Personen**
⊙ **7 Min.**

2 saftige Fleischtomaten oder 4 reife Eiertomaten · 1 kleine Zwiebel 1 Hand voll Basilikumblätter 4 EL Olivenöl · Saft von 1 kleinen Zitrone · etwas frisch gemahlener Kubebenpfeffer (besonders aromatisch) etwas Meersalz

▬ Die Tomaten waschen und in sehr kleine Würfel schneiden, die Zwiebel schälen und ebenfalls würfeln.
▬ Die Hälfte der Basilikumblätter klein hacken und mit Olivenöl, Zitronensaft, Pfeffer und Salz zu einem Dressing verarbeiten. Die Tomaten untermischen und die restlichen Basilikumblätter dazugeben.

▶ **Das passt dazu:** Dieses sommerliche Dressing schmeckt gut zu allen grünen Salaten, besonders zu Rukolasalat.

Mandarinen-Dressing

▶ **Für 2 Personen**
⊙ **7 Min.**

1 Karotte · 4 EL kaltgepresstes Sonnenblumenöl (auch Karottenöl ist möglich) · Saft von 1 Mandarine 1 Pr. Salz · 1 Pr. Klosterküchengewürz von Brecht (Reformhaus) 1 Pr. frisch gemahlener Kubebenpfeffer (besonders aromatischer Pfeffer)

▬ Die Karotte mit der Gemüsebürste unter fließendem Wasser säubern und fein raspeln.
▬ Die übrigen Zutaten verrühren und die Karottenraspel untermischen.

▶ **Das passt dazu:** Dieses Dressing eignet sich besonders gut für winterliche Salate – beispielsweise Chicorée. Auch zu Fenchel schmeckt dieses Dressing sehr lecker.

Petersilien-Dressing

▶ **Für 2 Personen**
⊙ **7 Min.**

1 kleiner Bund Glattpetersilie 1 kleine Schalotte, 4 EL Sonnenblumenöl, Saft von 1 kleinen Zitrone 1 Pr. Kräutersalz · 1 Pr. frisch gemahlener schwarzer Pfeffer

▬ Die Petersilie waschen, abtropfen lassen und mit dem Wiegemesser sehr fein hacken.
▬ Die Schalotte schälen und in kleine Würfelchen schneiden. Alle Zutaten zusammengeben und vermischen.

Kohlrabi-Dressing

▶ **Für 2 Personen**
⊙ **7 Min.**

1 kleiner Kohlrabi · etwas Schnittlauch · 4 EL kaltgepresstes Distelöl Saft von 1 kleinen Zitrone · frisch gemahlener weißer Pfeffer · etwas Sesamsalz

▬ Kohlrabi waschen, schälen und fein raspeln. Den Schnittlauch waschen, klein schneiden und mit den Kohlrabiraspeln vermengen.
▬ Die übrigen Zutaten mischen und die Kohlrabi-Schnittlauch-Mischung dazugeben.

Basilikum-Dressing

▶ **Für 2 Personen**
⊙ **5 Min.**

10–15 Basilikumblätter · 4 EL kaltgepresstes Olivenöl · Saft von 1 kleinen Zitrone · etwas Meersalz · etwas frisch gemahlener weißer Pfeffer

▬ Die Basilikumblätter abwaschen, abtropfen lassen und mit dem Wiegemesser sehr fein hacken.
▬ Das Olivenöl dazugeben und gut vermischen. Die übrigen Zutaten dazugeben und untermischen.

61

SALATE FÜR MITTAGS

Feldsalat mit frischen Champignons

▶ Für 2 Personen
🕑 10 Min.
250 g Feldsalat · 1 kleine rote Zwiebel · Zutaten für das Sonnenblumenkern-Dressing (S. 60) · 6 kleinere schöne Champignons · etwas Schnittlauch

- Den Feldsalat gut waschen, bis kein Sand mehr an den feinen Würzelchen ist, und ihn gut abtropfen lassen.
- Die Zwiebel schälen und in sehr feine Würfelchen schneiden. Das Dressing zubereiten und mit den Zwiebeln mischen. Das Dressing unter den Salat mischen.
- Die Champignons mit Küchenkrepp trocken säubern und in dünne Scheiben schneiden.
- Schnittlauch waschen, klein schneiden und mit den Champignonscheiben über den Salat verteilen.

TIPP
Wenn Sie den Salat mit ins Büro nehmen wollen, schneiden Sie die Champignons erst dort in dünne Scheiben.

Eichblattsalat mit sautierten Limonenseitlingen

▶ Für 2 Personen
🕑 15 Min.
1 kleiner Kopf Eichblattsalat · 1 Hand voll Limonenseitlinge (wahlweise Kräuter- oder Rosenseitlinge)
2 EL Sonnenblumenöl · 1 EL Glattpetersilie, etwas Kräutersalz, etwas frisch gemahlener Kubebenpfeffer oder schwarzer Pfeffer · Zutaten für das Petersilien-Dressing (S. 61)
1 EL Sesam

- Salatblätter klein zupfen, waschen und abtropfen lassen.
- Die Limonenseitlinge mit einem feuchten Tuch abreiben, die größeren Pilze in kleine Streifen schneiden, die kleinen Pilze ganz lassen. Im erhitzten Sonnenblumenöl wenige Min. andünsten
- Glattpetersilie schneiden, dazugeben, mit etwas Kräutersalz und Kubebenpfeffer würzen und abkühlen lassen.
- Das Petersiliendressing zubereiten, Sesam dazugeben und unter die Salatblätter mischen.
- Die Seitlinge locker über den Salat verteilen.

Winterlicher Endiviensalat mit Karotten und Kresse

▶ Für 2 Personen
🕑 10 Min.
1 kleiner Kopf Endiviensalat
1 Karotte · 1 EL Sultaninen
1 Schälchen Kresse, Zutaten für das Karotten-Dressing (S. 61)

- Den Endiviensalat waschen und die Blätter klein zupfen. Wenn er Ihnen zu bitter ist, können Sie ihn auch in sehr feine Streifen schneiden.
- Die Karotte mit der Gemüsebürste unter fließendem Wasser bürsten und klein raspeln.
- Den Endiviensalat mit den Karotten und den Sultaninen vermischen.
- Das Dressing zubereiten, unter den Salat mischen und die Kresse darüber verteilen.

Endiviensalat mit Urkarotten und Kichererbsensprossen

▶ **Für 2 Personen**

⊘ **10 Min.**

1 kleiner Kopf Endiviensalat · 1 Urkarotte (Betakarotte)
1 Hand voll Kichererbsensprossen oder andere Sprossen
Zutaten für das Kohlrabi-Dressing (S. 61)

– Den Endiviensalat waschen und die Blätter klein zupfen.
  Wenn er Ihnen zu bitter ist, können Sie ihn auch in sehr
  feine Streifen schneiden.
– Die Urkarotte mit der Gemüsebürste unter fließendem
  Wasser bürsten und klein raspeln.
– Den Endiviensalat mit den Urkarotten und den Kicher-
  erbsensprossen vermischen.
– Das Dressing zubereiten und unter den Salat mischen.

▶ **Variante:** Probieren Sie dazu auch mal Sonnenblumenkeimlinge oder Keimlinge aus Champagner- oder
  Belugalinsen. Wenn Sie keine Zeit zum Keimen haben,
  können Sie jederzeit auch Gartenkresse, die es in nahezu
  jedem Supermarkt gibt, verwenden.

Schwarzer Rettich mit Karottenraspeln

▶ Für 2 Personen

⊙ 10 Min.

1 großer schwarzer Rettich · 1 kleine Karotte · 2 EL Sesamöl
Saft von 1 kleinen Zitrone · etwas frisch gemahlener weißer
Pfeffer · 2 TL Sesamsalz · einige Stängel Glattpetersilie

- Den Rettich mit dem Gemüseschäler schälen und klein
  raspeln. Die Karotte unter fließendem Wasser bürsten,
  fein raspeln und mit dem Rettich mischen.
- Aus dem Sesamöl, dem Zitronensaft und den Gewürzen
  ein Dressing zubereiten. Das Dressing unter den Salat mischen. Die Glattpetersilie waschen, klein schneiden und
  unter den Salat mischen.

TIPP

Diesen Salat können Sie gut auf Vorrat herstellen – er
schmeckt ohnehin besser, wenn er etwas durchgezogen
ist. Er hält sich im Kühlschrank mehrere Tage.

Brunnenkressesalat mit Radieschen und Karottenraspeln

▶ Für 2 Personen

⊙ 10 Min.

3–4 Hände voll frische Brunnenkresse vom Markt (alternativ
frische Gartenkresse) · 1 mittelgroße Karotte · 5–6 Radieschen · 1 Frühlingszwiebel · Zutaten für das Wildkräuter-
Dressing (S. 60)

- Die Brunnenkresse waschen und abtropfen lassen.
- Die Karotte mit der Gemüsebürste unter fließendem
  Wasser bürsten und klein raspeln.
- Die Radieschen waschen, die Blätter abschneiden und die
  Radieschen in dünne Scheiben schneiden.
- Die Frühlingszwiebel schälen und klein schneiden. Das
  Wildkräuter-Dressing zubereiten, mit den Zwiebeln ver-
  mischen und mit den Karotten und den Radieschen unter
  die Kresse mischen.

INFO

Schwarzer Rettich – gut gegen Bronchitis

Schwarzer Rettich ist bei vielen Menschen verpönt:
Er sieht nicht sehr ansprechend aus, und viele Menschen glauben, er habe einen beißenden Geschmack.
Das stimmt gar nicht, wenn man ihn einige Stunden
ziehen lässt. Dazu kommt, dass er ein völlig nebenwir-
kungsfreies Hustenmittel ist. Den meisten Menschen
ist er daher als Hausmittel gegen Bronchitis bekannt,
weil er sehr stark entschleimend wirkt. Er hat die größte
Basenwirkung und wirkt so im Winter doppelt positiv:
gegen Verschleimung und gegen Übersäuerung.

Rotkohl-Orangen-Walnuss-Rohkost

- Rotkohl putzen, waschen und in feine Streifen hobeln. 5 Min. in kochendem Wasser blanchieren.
- Rotkohl abgießen und auskühlen lassen.
- Die Orange filetieren und die Ingwerwurzel schälen und ganz fein hacken. Beides mit Olivenöl, Zitronensaft, Kräutersalz und Pfeffer zu einer Marinade verrühren.
- Rotkohl, Orangenfilets und die Walnusshälften untermischen und vor dem Servieren 10 Min. durchziehen lassen.

▶ **Für 2 Personen**
⊙ **20 Min.**

½ oder 1 kleiner Rotkohl
1 große Orange
1 cm Ingwerwurzel
4 EL Olivenöl
Saft von 1 kleinen Zitrone
Kräutersalz
frisch gemahlener Pfeffer
8 frische Walnusshälften

SO GEHT'S

Ganz einfach: Orangen oder Grapefruit filetieren

Wollen Sie besonders feine Filets aus der Orange schneiden, geht das folgendermaßen: ① Die Orange an der Ober- und Unterseite gerade abschneiden, sodass sie auf der Arbeitsfläche liegt, ohne wegzurollen. ② Mit einem großen, scharfen Messer die Schale rundherum abschneiden, sodass nichts von der weißen Schale übrig bleibt. ③ Um die Filets herauszuschneiden, das Messer vorsichtig zwischen Fruchtfleisch und Trennhäutchen anlegen und die Filets sanft herauslösen. ④ Den heruntertropfenden Saft dabei auffangen.

SALATE FÜR MITTAGS

Lattichsalat mit Gänseblümchen

▶ Für 2 Personen

🕙 10 Min.

je 100 g roter und grüner Lattich · 1 kleiner Bund Wildkräuter
1 Frühlingszwiebel · Zutaten für das Karotten-Dressing (S. 61)
6 –8 Gänseblümchenblüten

- Die Lattichblätter und die Wildkräuter waschen, abtropfen lassen, klein zupfen und vermischen.
- Die Frühlingszwiebel schälen und klein schneiden. Das Karotten-Dressing zubereiten, mit den Zwiebeln vermischen und unter die Salatblätter mischen.
- Die Gänseblümchenblüten darüberstreuen.

Tipp

Probieren Sie dieses Rezept auch mal mit Eistropfensalat, den man hin und wieder an gut sortierten Kräuterständen auf dem Wochenmarkt findet. Er ist sehr mineralienreich, vor allem reich an Eisen, und schmeckt herbwürzig.

INFO

Kleine Warenkunde: Orchideensalat

Orchideensalat hat seinen Namen sicher von seinem Aussehen, das sehr an die gesprenkelten Variationen der Orchideen (Phalaenopsis) erinnert. Es gibt ihn im Frühling und Frühsommer als Pflücksalat an einigen Marktständen, die sich auf Wildkräuter und besondere Salatsorten spezialisiert haben. Orchideensalat dürfte eine Variation von Radicchio sein, ist aber gar nicht bitter. Oft ist er auch unter dem Namen »japanischer Salat« anzutreffen.

Ostersalat mit Löwenzahn und Weizensprossen

▶ Für 2 Personen
⏱ **10 Min.**

3–4 Hände voll junger Löwenzahn
1 Frühlingszwiebel · 3 EL Weizensprossen · Zutaten für das Karotten-Dressing (S. 61)

- Die Löwenzahnblätter waschen und abtropfen lassen.
- Die Zwiebel schälen und klein schneiden.
- Das Dressing zubereiten und mit den Löwenzahnblättern, der Zwiebel und den Weizensprossen vermischen.

Frischer Pflücksalat mit Wildkräuter-Dressing

▶ Für 2 Personen
⏱ **10 Min.**

2 Portionen Pflücksalat · 1 EL Ölsaatenmischung · 3 EL frische Sonnenblumensprossen oder andere Sprossen · Zutaten für das Wildkräuter-Dressing (S. 60)

- Den Pflücksalat waschen und abtropfen lassen.
- Das Wildkräuter-Dressing zubereiten und mit dem Pflücksalat, den Ölsaaten und den Sonnenblumensprossen vermischen.

Orchideensalat mit Stiefmütterchen und Kräutern

▶ Für 2 Personen
⏱ **10 Min.**

3–4 Hände voll Orchideensalat
2 kleine Frühlingszwiebeln · 1 Hand voll Wildkräuter · 10–15 Blüten von wilden Stiefmütterchen (wahlweise andere Blüten) · Zutaten für das Kohlrabi-Dressing (S. 61)

- Die Salatblätter und die Wildkräuter waschen und abtropfen lassen.
- Die Zwiebeln klein hacken, das Dressing zubereiten und die Zutaten mit dem Dressing mischen.
- Die Blüten über den Salat streuen. Schmeckt herrlich aromatisch!

INFO

Ostergras – supergesund

Wenn Sie Kinder haben, kennen Sie vielleicht die Tradition, mit Weizen Ostergras anzubauen: Man füllt dazu eine flache Keramikschale mit Blumenerde, streut flächendeckend Weizen (normaler Weizen aus dem Bioladen oder dem Reformhaus) darauf und besprüht den Weizen täglich, damit er feucht bleibt und keimen kann. Nach ca. 14 Tagen ist daraus 10–12 cm hohes Weizengras entstanden. Darin wird ein von den Kindern bemaltes Osterei versteckt. Und dann: Schneiden Sie das Gras ab und kauen Sie es oder stecken Sie es zu den Karotten und Äpfeln in den Entsafter. Weizengras enthält mehr Vitamine als jede Vitaminpille – auch Vitamin B_{12}! Egal, ob als Weizengras oder als Weizenkeimling – in gekeimter Form sind Weizen und andere Getreide basenbildend.

Carpaccio von Zucchini mit Zitronenthymian

▶ Für 2 Personen

🕑 10–15 Min.

2 kleine feste Zucchini · 2 EL Olivenöl
2 EL Zitronensaft · Meersalz · weißer
Pfeffer · 1 Hand voll Zitronenthymian
3–4 Blüten der Saison (Kapuzinerkresseblüten oder Zucchiniblüten)

– Zucchini waschen und mit einem
  Gemüse- oder Trüffelhobel in sehr
  dünne Scheiben hobeln.
– Die dünnen Scheiben auf einem
  großen Teller oder auf einer runden
  Platte fächerförmig auslegen.
– Aus dem Öl, dem Zitronensaft und
  den Gewürzen eine Marinade herstellen. Die Marinade über die Zucchinischeiben mit einem Löffel
  gleichmäßig verteilen und mit einigen Blüten verzieren.

INFO

Essbare Blüten

Viele Blüten sind essbar und
schmecken auch oft recht würzig, so wie die Blüten von Kapuzinerkresse, Veilchen, wilden
Stiefmütterchen, Zucchini, Rin-
gelblume, Rosen, Holunder.
Aber es gibt auch ungenießba-
re, ja giftige Blüten. Erkundigen
Sie sich genau, bevor Sie Expe-
rimente machen.

Carpaccio von Kohlrabi mit Gemüsedressing

▶ Für 2 Personen

🕑 ca. 20 Min.

Je 1 weißer und roter Kohlrabi
1 Karotte · 1 Lauchzwiebel · 1 Stange
Staudensellerie · 3 EL Sonnenblumenöl · Saft von ½ Zitrone · Kräutersalz · weißer Pfeffer · 3 EL frische
Sprossen (Radieschen- und Brokkoli-
sprossen)

– Die Karotte, die Lauchzwiebel und
  den Sellerie schälen und klein hacken.
– Aus Sonnenblumenöl, Zitronensaft, Kräutersalz, Pfeffer und Sprossen ein Dressing bereiten und das
  klein gehackte Gemüse daruntermischen.
– Die Kohlrabi schälen und in hauchdünne Scheiben schneiden. Kreisförmig auf 2 großen Tellern auslegen und das Dressing darüber-
  geben.

Tipp

**Die Zutaten des Carpaccios haben
auch im Herbst und Winter Saison.**

Carpaccio von Navets-Rübchen

▶ Für 2 Personen

🕑 wenige Min.

3 Navets-Rübchen · grüne oder
rote Gartenkresse · Zutaten für das
Karotten-Dressing (S. 61)

– Die Navets-Rübchen schälen, waschen und mit einem feinen Gemüsehobel oder einem Trüffelhobel
  sehr fein hobeln.
– Das Karotten-Dressing zubereiten,
  die Navets-Rübchen kreisförmig auf
  einer Platte auslegen und das Dressing mit einem Löffel darüber verteilen. Die Kresse darüberstreuen.

Tipp

**Die Zutaten des Carpaccios haben
auch im Herbst und Winter Saison.**

SALATE FÜR MITTAGS

Gurkensalat mit Dill und Borretsch

▶ Für 2 Personen
🕓 10 Min.

1 Salatgurke · 1 kleine Zwiebel
½ Bund Dill · einige Blätter Borretsch
4 EL Distelöl · Saft von 1 kleinen Zitrone · frisch gemahlener weißer Pfeffer · etwas Meersalz · Endoferm (von Brecht, Reformhaus) · etwas Kurkuma

- Die Gurke mit der Gemüsebürste abbürsten, waschen und mit dem Gemüsehobel in feine Scheiben hobeln.
- Die Zwiebel schälen und hacken. Dill und Borretsch fein schneiden.
- Aus dem Distelöl, dem Zitronensaft und den Gewürzen ein Dressing zubereiten und den fein gehackten Dill und Borretsch dazugeben.
- Die Gurken mit dem Dressing vermischen und servieren.

Bunter Paprikasalat

▶ Für 2 Personen
🕓 12 Min.

Je 1 grüne, gelbe und rote Paprika 1 kleine Stange Lauch
10 Kirschtomaten · 1 rote Zwiebel
10–12 schwarze, ungefärbte Oliven
2 EL gehackte Glattpetersilie
Zutaten für das Basilikum-Dressing (S. 61)

- Die grüne, die gelbe und die rote Paprika waschen, die Kerne herausschälen und die Paprika in kleine Würfel schneiden.
- Die Lauchstange ausputzen, waschen und in hauchdünne Streifen schneiden.
- Die Kirschtomaten waschen und halbieren.
- Die Zwiebel klein hacken, das Basilikum-Dressing zubereiten und mit der Zwiebel, den Kräutern, den Oliven, dem Lauch und den Tomaten vermischen.

Avocadosalat mit Portulak, Steinchampignons und Tomaten

▶ Für 2 Personen
🕓 10 Min.

2 reife weiche große Avocados
1 Hand voll Portulak (Postelein)
1 gute Hand voll Steinchampignons
3 sehr reife Strauchtomaten · 1 Hand voll rote Basilikumblätter · einige Blättchen Zitronenthymian · Zutaten für das Tomaten-Dressing (S. 61)

- Die Avocados vorsichtig von Schale und Kern befreien und das Fruchtfleisch in dünne Scheiben schneiden.
- Die Portulakblättchen waschen und abtropfen lassen. Die Steinchampignons, falls nötig, säubern und in dünne Scheiben schneiden.
- Die Strauchtomaten waschen und in sehr kleine Würfelchen schneiden.
- Avocado, den Portulak, die Steinchampignons und die Tomatenwürfel zusammen in eine Schale geben. Basilikum und Zitronenthymian darüber verteilen.
- Das Tomaten-Dressing zubereiten und löffelweise über die Salatzutaten verteilen.

INFO

Avocados nachreifen lassen

Häufig bekommt man nur sehr harte Avocados zu kaufen, man kann den Prozess des Nachreifens aber unterstützen: Einfach eine braune Papiertüte vom Gemüsestand nehmen, Avocado in die Tüte wickeln und ab damit auf eine sonnige Fensterbank. Nach 3 –4 Tagen sollte die Avocado reif sein.

Rukolasalat mit frischen Steinpilzen und Kirschtomaten

▶ **Für 2 Personen**

🕑 **12 Min.**

200 g Rukola · 1 Hand voll frische Kirschtomaten · **2** mittel-große frische Steinpilze · **2 EL** Olivenöl, Kräutersalz · frisch gemahlener schwarzer Pfeffer · Zutaten für das Basilikum-Dressing (S. 61)

■ Die Rukolablätter waschen und abtropfen lassen.

■ Die Kirschtomaten waschen, halbieren und über die Rukolablätter verteilen.

■ Das Basilikum-Dressing zubereiten und mit den Rukola-blättern und den Tomaten vermischen.

■ Die Steinpilze mit Küchenkrepp vorsichtig säubern, in klei-ne Scheibchen schneiden und im Olivenöl garen. Mit etwas Kräutersalz und schwarzem Pfeffer würzen und noch warm über den Salat geben.

▶ Variante: Wenn gerade keine Steinpilzsaison ist oder Stein-pilze Ihnen zu teuer sind, dann schmeckt dieses Rezept auch mit Champignons oder mit Kräuterseitlingen. Bereiten Sie den Salat wie beschrieben zu und verwenden Sie an-stelle der Steinpilze 1 Hand voll Champignons oder Kräu-terseitlinge.

Sommerlicher Kartoffelsalat mit schwarzen Oliven

▶ **Für 2 Personen**

🕑 **25 Min.**

8 mittelgroße festkochende Kartoffeln · 1 Hand voll reife Cocktailtomaten · 1 Hand voll Basilikumblätter · 1 mittelgroße rote Zwiebel · 1 frisch geriebene Pr. Muskat · 1 Hand voll ungefärbte schwarze Oliven · Zutaten für das Basilikumdressing (S. 61)

- Die Kartoffeln mit der Schale im Gemüsedämpfer garen, abkühlen lassen, schälen und in Scheiben schneiden.
- Die Cocktailtomaten waschen, halbieren und zu den Kartoffelscheiben geben.
- Die Basilikumblätter waschen, abtropfen lassen, klein zupfen, zu den Kartoffelscheiben geben und mit Muskat würzen.
- Die Zwiebel schälen und klein hacken. Das Basilikumdressing zubereiten und mit den Zwiebeln mischen.
- Das Dressing und die Oliven unter die Kartoffelmischung geben und servieren.

▶ **Variante:** Bereichern Sie diesen Salat auch mal mit geraspelten Zucchini. Verwenden Sie dazu 1 mittelgroße Zucchini: waschen und auf der Gemüsereibe klein raspeln. Geben Sie die Zucchiniraspel unter den fertigen Kartoffelsalat. Wenn Sie den Salat abends essen wollen, dünsten Sie die Zucchiniraspel in 2 EL Olivenöl wenige Minuten an.

Rukolasalat mit gedünsteten Samtfußrüpli

▶ **Für 2 Personen**

🕑 **15 Min.**

200 g Rukola · 150 g Samtfußrüpli (wahlweise Pfifferlinge oder Steinpilze) · 1 Schalotte, etwas Glattpetersilie 2–3 EL Rote-Bete-Sprossen oder andere Sprossen 2 EL Sonnenblumenöl, Zutaten für das basische Grunddressing (S. 60)

- Die Rukolablätter waschen und abtropfen lassen.
- Die Samtfußrüpli mit einem Tuch abtupfen und, falls nötig, etwas kleiner schneiden.
- Die Schalotte schälen und klein hacken. Petersilie fein schneiden.
- Die Samtfußrüpli und die Schalotte im Sonnenblumenöl andünsten. Das Dressing zubereiten, alle Zutaten mischen und die Pilze darüber verteilen.

Carpaccio von Steinpilzen mit roter Melde

▶ Für 2 Personen
🕐 15 Min.

3 schöne Steinpilzstücke · 2 EL rote Melde (auch Rote-Bete-Sprossen eignen sich gut), Zutaten für 2 EL Kohlrabi-Dressing (S. 61)

– Steinpilzstücke mit einem Tuch vorsichtig abtupfen, mit einem Trüffelhobel in sehr dünne Scheiben hobeln und auf 2 großen flachen Tellern anrichten.
– Das Kohlrabi-Dressing zubereiten und mit einem Löffel über das Carpaccio träufeln. Die rote Melde locker darüberstreuen.

TIPP

Probieren Sie dieses Carpaccio auch mal mit frischen Kräuterseitlingen. Verwenden Sie dazu 3 schöne große und feste Kräuterseitlinge und bereiten Sie das Carpaccio wie beschrieben zu.

Feldsalat mit Pflaumen und Walnüssen

▶ Für 2 Personen
🕐 10 Min.

250 g Feldsalat · 6 reife Pflaumen 8 frische Walnusshälften · 4 EL Walnussöl · Saft von 1 Mandarine 1 EL Sesamsalz · frisch gemahlener Kubebenpfeffer oder schwarzer Pfeffer

– Den Feldsalat gut waschen, bis kein Sand mehr an den feinen Würzelchen ist, und ihn gut abtropfen lassen.
– Die Pflaumen waschen, entkernen und in kleine Schnitze schneiden.
– Aus dem Walnussöl, dem Mandarinensaft und den Gewürzen das Dressing zubereiten und unter den Feldsalat mischen.
– Die Walnüsse in kleine Stückchen brechen und mit den Pflaumen unter den Salat mischen.

Salat von Bleichsellerie mit frischen Kräutern

▶ Für 2 Personen
🕐 10 Min.

1 Staude Bleichsellerie · 1 mittelgroße Karotte · 1 Frühlingszwiebel 1 Hand voll frische Kräuter (Selleriegrün, Bibernell, Schnittlauch) Zutaten für das Petersilien-Dressing (S. 61)

– Den Bleichsellerie waschen, den Strunk abschneiden und die verholzten äußeren Anteile entfernen. Sellerie in kleine Scheiben schneiden.
– Die Karotte unter fließendem Wasser mit der Gemüsebürste abbürsten und in sehr feine Scheiben schneiden.
– Die Frühlingszwiebel schälen und in feine Ringe schneiden.
– Die Kräuter waschen, abtropfen lassen und mit dem Wiegemesser zerkleinern. Das Petersilien-Dressing zubereiten. Sellerie, Zwiebeln und Kräuter mit dem Dressing vermischen und unter den Salat geben.

Herbstlicher Salat mit Kapuzinerkresseblüten

▶ Für 2 Personen
🕐 10 Min.

2 Portionen Blattsalat · 1 Hand voll Kapuzinerkresseblüten · Zutaten für das Kohlrabi-Dressing (S.61)

- Den Blattsalat waschen und abtropfen lassen. Das Kohlrabi-Dressing zubereiten und unter den Salat mischen.
- Zuletzt die Kapuzinerkresseblüten vorsichtig auf den Salat legen.

Tipp

Wenn Sie Kapuzinerkresse im Garten oder auf dem Balkon haben, können Sie auch einige Blätter dazunehmen und in dünne Streifen schneiden.

Rote-Bete-Salat mit Chicorée und Walnüssen

▶ Für 2 Personen
🕐 15 Min.

1 mittelgroße Rote Bete (etwa 200 g) · 1 Chicorée · 4 EL Walnussöl · Saft von 1 kleinen Zitrone · 1 EL Sesamsalz · frisch gemahlener Kubebenpfeffer oder schwarzer Pfeffer · 8 frische Walnusshälften

- Die Rote Bete waschen, schälen (am besten mit Handschuhen) und fein raspeln.
- Den Chicorée waschen, den Strunk entfernen und in kleine Streifen schneiden, dabei 3 bis 5 Blätter ungeschnitten zur Seite legen.
- Das Walnussöl, den Saft der Zitrone, den Pfeffer und das Sesamsalz zu einem Dressing mischen und mit den geschnittenen Chicoréeblättern unter die Rote Bete mischen. Die Walnüsse in kleine Stückchen brechen und unter den Salat mischen.
- Die ganz gelassenen Chicoréeblätter locker in den Rote-Bete-Salat stecken.

INFO

Kapuzinerkresse: dekorativ und gesund

Kapuzinerkresse enthält sehr viel Vitamin C und Kalzium. Außerdem enthält es Senföle, die eine bakterien- und pilzwachstumshemmende Wirkung haben. Kapuzinerkresseblüten bekommen Sie an gut sortierten Marktständen. Es gibt sie auch als Topfpflanzen in Gärtnereien. Am einfachsten sind sie selbst zu ziehen: Die großen Samen gedeihen ab Mai (unter frostfreien Bedingungen) in jedem Blumentopf oder im Garten. Sie wachsen schnell, und auch die Blätter können als Würzmittel zum Salat gegeben werden.

Dolce vita auf basisch

Sind auch Sie wie ich ein Italienfan? Dann holen Sie sich während des Basenfastens ein Stück dolce vita nach Hause. Gemüseantipasti eignen sich wunderbar für Ihre Basenfastenzeit. Das Beste daran: Sie lassen sich fast alle auf Vorrat herstellen. Wenn eine Heißhungerattacke droht, müssen Sie nicht zu saurem Brot und Käse greifen, sondern können marinierte Pilze oder Pesto-Fenchel genießen.

Basische Tapenade

▶ Für 2 Personen
🕑 10 Min.
ganzjährig
2 Hände voll schwarze Oliven · 1 Zweig Thymian · Kräutersalz

- Die Oliven entsteinen. Die Kräuter von den Stielen zupfen, mit den Oliven mischen und pürieren.
- Mit Salz abschmecken und zu Kartoffeln oder zu Kartoffelspaghetti genießen.

Tipp
Oliven lassen sich gut entsteinen, indem man sie einzeln unter die flache Seite eines großen Messers legt und kurz und kräftig drückt.

Eingelegte Champignons

▶ Für 2 Personen
🕑 15 Min.
Sommer
20 kleine Champignons · 2 EL Olivenöl · etwas Meersalz · etwas frisch gemahlener schwarzer Pfeffer · 5 reife Cocktailtomaten · Saft von 1 kleinen Zitrone · einige Blätter Basilikum

- Die Champignons mit dem Küchenkrepp säubern, vierteln und im Olivenöl leicht andünsten. Die Tomaten waschen und halbieren.
- Mit Meersalz und schwarzem Pfeffer würzen und gegen Ende der Garzeit die Cocktailtomaten dazugeben.
- Den Zitronensaft unter die Pilzmischung geben und einige Stunden darin marinieren.
- Die Basilikumblätter waschen, abtropfen lassen und kurz vor dem Servieren unter die marinierten Pilze heben.

Antipasti aus Butternut mit Oliven

▶ Für 2 Personen
🕑 15 Min.
Herbst
1 kleiner Butternutkürbis · 1 Hand voll schwarze ungefärbte Oliven · 1 EL Sesamsalz · etwas weißer Pfeffer · 2 EL Sesamöl

- Den Butternutkürbis waschen, den Stiel abschneiden, die Schale entfernen und die Kerne mit einem Löffel herausschälen.
- Das Kürbisfleisch in 2,5–3 cm dicke, möglichst gleich geformte Scheiben schneiden.
- Das Sesamöl erhitzen und die Kürbisscheiben vorsichtig wenige Minuten anbraten, bis der Kürbis gar ist. Am Ende der Garzeit die Oliven dazugeben. Mit Sesamöl beträufeln und servieren.

Fenchel an Pesto

▶ Für 2 Personen

⏱ 15 Minuten

Herbst

2 kleinere Fenchelknollen · etwas Fenchelgrün · 1 Glas Basilikumpesto ohne Knoblauch (gibt es im Bioladen)

- Die Fenchelknollen waschen, eventuell die äußere holzige Schale entfernen, das Fenchelgrün mit verwenden.
- Die Knollen halbieren, den Fenchel der Länge nach in Schnitze schneiden und mit dem Fenchelgrün zusammen im Gemüsedämpfer knapp 10 Min. dämpfen.
- Die Fenchelschnitze dekorativ auf 2 Teller legen und das Pesto darüber verteilen

Tipp

Schmeckt wie die meisten Antipasti kalt und warm.

INFO

Kleine Warenkunde: Butternut

Sie finden, dass Kürbis langweilig schmeckt? Dann kennen Sie Butternut noch nicht. Butternut, auch Butternuss genannt, ist ein birnenförmiger Kürbis mit leuchtend gelbem Fruchtfleisch, das über ein besonderes Aroma verfügt. Er sollte geschält werden und ist fast zu schade für eine Suppe. Lecker schmeckt er auch, wenn Sie seine Scheiben einfach nur in etwas Öl anbraten.

◀ Fenchel an Pesto.

Radicchio auf italienische Art

▶ Für 2 Personen
🕐 5 Min.

ganzjährig

2 mittelgroße Radicchio · 1 EL Olivenöl · etwas Kräutersalz · etwas weißer Pfeffer

- Radicchio waschen, abtropfen lassen und der Länge nach halbieren. Im erhitzten Olivenöl die 4 Radicchiohälften, je nach Größe, auf jeder Seite etwa 2 Min. dünsten.
- Mit den Gewürzen abschmecken und warm servieren.

Zucchiniblüten in Olivenöl

▶ Für 2 Personen
🕐 7 Min.

Sommer

12 Zucchiniblüten · 2 – 3 EL Olivenöl frisch gemahlener Kubebenpfeffer

- Die Stempel der Zucchiniblüten entfernen, das Öl erhitzen und die Zucchiniblüten sehr vorsichtig darin andünsten – geht ganz schnell.

TIPP

Probieren Sie dieses Rezept auch mal mit Kürbisblüten.

Sommerlich marinierte Auberginen

▶ Für 2 Personen
🕐 10 Min.

Sommer

2 kleine reife Auberginen · 4 – 5 EL kaltgepresstes Olivenöl · 1 Hand voll reife Kirschtomaten · Saft von 1 Zitrone · Oregano · Rosmarin · Thymian frisch gemahlener schwarzer Pfeffer etwas Meersalz

- Die Auberginen waschen, abtupfen, den Stielansatz entfernen und die Auberginen in dünne Scheiben schneiden.
- Die Auberginenscheiben in 2 EL Olivenöl vorsichtig andünsten. Evtl. noch 1 EL Olivenöl dazugeben.
- Die Kirschtomaten waschen, vierteln und gegen Ende der Garzeit ganz kurz dazugeben.
- Aus dem restlichen Olivenöl, dem Zitronensaft und den Kräutern eine Marinade herstellen. Die gedünsteten Auberginenscheiben und die Tomatenstückchen in eine kleine Schüssel geben, die Marinade darüberträufeln und einen Tag ziehen lassen.

INFO

Eine Delikatesse!

Zucchiniblüten gibt es nur kurze Zeit im Jahr. In Italien finden Sie Zucchini- und Kürbisblüten von Mai bis August in den meisten Gemüsegeschäften, auch in Supermärkten. In Deutschland findet man sie nur in ausgesuchten Geschäften oder aber im Garten. Sie schmecken superlecker und enthalten jede Menge Bioaktivstoffe. Alleine machen sie auch beim Basenfasten nicht satt, weshalb Sie dieses Rezept zusammen mit anderen Antipasti beispielsweise mit Antipasti aus Butternut mit Oliven verzehren sollten.

◀ Radicchio auf italienische Art.

Klare Brühe mit Karottenspaghetti

▶ **Für 2 Personen**

⏱ **10 Min.**

1 gerade Karotte · 1 große Kartoffel
1 Frühlingszwiebel · 2 EL Rapsöl
etwas Meersalz · Piment · Liebstöckel
Galgant · frisch gemahlener schwarzer Pfeffer · ¾ l Gemüsebrühe
(aus 1 Gemüsebrühwürfel) · einige
Stängel Glattpetersilie

- Die Karotte und die Kartoffel waschen und schälen. Dann erst die Karotte, dann die Kartoffel in der Gemüsespaghettimaschine zu Spiralen schneiden.
- Frühlingszwiebel schälen, in kleine Ringe schneiden und im Rapsöl glasig dünsten. Die Gewürze dazugeben und kurz mitdünsten.
- Die Karotten- und Kartoffelspirali dazugeben, mit Gemüsebrühe auffüllen. Nach wenigen Minuten sind die Gemüse gar, denn die Gemüsespaghetti sind sehr dünn!
- Die Glattpetersilie waschen, klein schneiden und über die Suppe streuen.

Kartoffelcremesuppe mit Kresse

▶ **Für 2 Personen**

⏱ **20 Min.**

8 große Kartoffeln · 1 Zwiebel
2 EL kalt gepresstes Sonnenblumenöl · 1 EL Sesamsalz · 1 Pr. Muskat
frisch gemahlener weißer Pfeffer
1 l Gemüsebrühe (aus 1 Gemüsebrühwürfel) · ½ Schälchen Kresse
zum Verzieren

- Die Kartoffeln waschen, schälen und vierteln.
- Die Zwiebel schälen und sehr klein schneiden. Das Sonnenblumenöl erhitzen, die Zwiebeln darin glasig dünsten und die Gewürze dazugeben.
- Die Kartoffeln und die Gemüsebrühe hinzufügen und bei mittlerer Hitze garen und anschließend mit dem Zauberstab pürieren. Die Kresse über die fertige Suppe geben.

Kartoffelsuppe nach Matteos Art

▶ **Für 2 Personen**

⏱ **15 Min.**

6 mittelgroße Kartoffeln · 1 kleine
Zwiebel · 2 Gemüsebrühwürfel
¾ l Wasser

- Die Kartoffeln waschen, schälen und in Scheiben schneiden.
- Die Zwiebel schälen und in halbe Ringe schneiden. Die Gemüsebrühwürfel in ¾ l Wasser auflösen, die Kartoffelscheiben und die Zwiebelringe dazugeben und bei mittlerer Hitze garen.

Tipp

Verfeinern Sie die Kartoffelsuppe, indem Sie einige frische gehackte Kräuter – Glattpetersilie, Schnittlauch oder Gartenkresse – dazugeben.

◀ **Klare Brühe mit Karottenspaghetti.**

Fenchelcremesuppe

▶ **Für 2 Personen**
◷ **20 Min.**

2 Fenchelknollen · 3 Kartoffeln · 1 Schalotte · 1 EL Sonnenblumenöl · weißer Pfeffer · 1 Pr. Muskat · etwas Kurkuma
1 l Gemüsebrühe (aus 1 Gemüsebrühwürfel)

— Den Fenchel waschen, holzige Stellen entfernen und den Fenchel in etwa 8 Teile schneiden. Etwas Fenchelgrün beiseitelegen.

— Die Kartoffeln waschen, schälen und in Scheiben schneiden.

— Die Schalotte schälen, klein schneiden und im Sonnenblumenöl andünsten. Fenchel, Kartoffeln und die Hälfte der Gemüsebrühe zur gedünsteten Schalotte geben und auf mittlerer Stufe weiter erhitzen.

— Wenn die Gemüse gar sind, die Suppe mit dem Zauberstab pürieren und so lange weiter Gemüsebrühe zugeben, bis die Suppe eine schöne cremige Konsistenz erreicht hat. Mit dem Fenchelgrün verziert servieren.

▶ **Info:** Wussten Sie, dass sich die Bezeichnung »Gemüsecremesuppe« nicht auf den Sahnegehalt der Suppe bezieht, sondern eine Suppe bezeichnet, die püriert ist? Das heißt, laut Brockhaus ist eine Gemüsecremesuppe, eine reine pürierte Gemüsesuppe – ohne weitere Zutaten – eine rein basische also.

Matteos »Klare« mit Kartoffelspaghetti

▶ **Für 2 Personen**
◷ **20 Min.**

2 große Kartoffeln · 1 kleine Zwiebel · 2 EL Sonnenblumenöl
¾ l Gemüsebrühe (aus 1 Gemüsebrühwürfel) · weißer Pfeffer
etwas Muskat · 1 Pr. Salz · 2 EL Sprossen oder etwas Petersilie zum Garnieren

— Die Kartoffeln schälen und in der Gemüsespaghettimaschine zu langen Spaghetti verarbeiten.

— Die Zwiebel schälen, fein würfeln und im Sonnenblumenöl glasig dünsten.

— Die Gemüsebrühe dazugeben und die Kartoffelspaghetti in der Gemüsebrühe wenige Min. garen (das geht sehr schnell!).

SO GEHT'S

Wie Gemüse zu Spaghetti wird

Eine Gemüsespaghettimaschine (unter dem Namen Spirali im Handel, www.lurch.de) ist ideal, um aus Gemüse Spaghetti zu machen. Mit einer solchen Maschine wird das Gemüse mit einer Kurbel so aufgeschnitten, dass sehr lange, dünne und spaghettiartige Fäden entstehen. Durch diese feine Schneidweise erhält das Gemüse ein deutlich verfeinertes Aroma – das kommt sowohl als Salat als auch in einer klaren Brühe oder in Öl gedünstet gut zur Geltung. Sie können das Gemüse natürlich auch mit einer feinen Raspel zerkleinern.

Gemüsebrühe

- Das Suppengemüse, die Petersilienwurzel, die Karotte und das Butterrübchen putzen, waschen und in kleine Würfel schneiden.
- Die Zwiebel schälen und klein schneiden. Das Wasser mit dem Gemüse und der Zwiebel in einen Topf geben, aufkochen und bei mittlerer Hitze ca. 15 Min. köcheln lassen.
- Die Gewürze und das Salz dazugeben und abschmecken. Die Kräuter waschen, klein hacken und darüberstreuen.

TIPP

Wenn Sie die Suppe durch das Passiersieb gießen, erhalten Sie Gemüsebrühe. Die Suppe kann aber auch mit der Gemüseeinlage verwendet werden.

▶ **Für 4 Personen**
⏱ **20 Min.**

  1 Bund Suppengemüse
  1 große Petersilienwurzel
  1 große Karotte
  1 Butterrübchen
  1 Zwiebel
  2 l Wasser
  3 frische Liebstöckelblätter
  1 Lorbeerblatt
1 Pr. Muskat
1 Pr. Meersalz
  1 Bund gemischte Kräuter

SO GEHT'S

Rezept: die schnelle »Basische« – aus Resten

Diese Suppe lässt sich schnell und unkompliziert aus Gemüseresten, die vielleicht vom Wochenende übrig geblieben sind, zubereiten. 1 Lauchzwiebel oder eine andere Zwiebel wird in etwas Sonnenblumenöl glasig gedünstet. Gemüsereste, beispielsweise 1 Stange Lauch, 2 Karotten und ein Rest Kohlrabi, werden klein geschnitten, dazugegeben, und das Ganze wird mit ¾ Liter Gemüsebrühe aufgefüllt und gewürzt. Nach Belieben können noch 2 Kartoffeln dazugeschnitten werden. In 10–15 Min. ist die Suppe gar und eine äußerst bekömmliche Abendmahlzeit, auch wenn Sie gerade nicht fasten.

Hokkaidocremesüppchen mit Pastinaken

▶ **Für 2 Personen**

⏱ **30 Min.**

1 mittelgroßer Hokkaidokürbis · 2 große Kartoffeln · 1 mittelgroße Pastinake · 1 mittelgroße Zwiebel · 2 EL Kürbiskernöl 1–2 cm frischer Ingwer · 2 EL Sesamsalz · frisch gemahlener schwarzer Pfeffer · 1 Pr. Muskat, etwas Kurkuma · etwas Galgant · 1 l Gemüsebrühe (aus 1 Gemüsebrühwürfel) · etwas Kürbiskernöl

- Den Hokkaido waschen und Ansatz und Stiel abschneiden. Die Kerne mit einem Löffel herausnehmen und den Kürbis in grobe Stücke schneiden.
- Die Kartoffeln waschen, schälen und in Scheiben schneiden. Die Pastinake waschen, schälen und in grobe Stücke schneiden. Die Zwiebel schälen und klein schneiden.
- Das Kürbiskernöl vorsichtig erhitzen und die Zwiebeln mit den Gewürzen vorsichtig andünsten. Die Kürbis-, Kartoffel- und Pastinakenstücke mit der Hälfte der Gemüsebrühe dazugeben und auf mittlerer Stufe weiter erhitzen.
- Ingwer schälen, sehr fein hacken oder auf einer Ingwerreibe reiben und in die Suppe geben. Wenn die Gemüse gar sind, die Suppe mit dem Zauberstab pürieren und so lange weiter Gemüsebrühe zugeben, bis die Suppe eine schöne cremige Konsistenz erreicht hat.
- Etwas Kürbiskernöl über die Suppe träufeln und servieren.

TIPP

Kürbis hat nicht nur im Herbst, sondern auch im Winter Saison. Daher können Sie im Winter auch all die leckeren Kürbissuppen aus den Herbstrezepten genießen.

Süppchen aus Süßkartoffeln mit Stielmus

▶ **Für 2 Personen**
🕑 **30 Min.**

6–7 Süßkartoffeln · 1 mittelgroße Zwiebel · 2 EL Sonnenblumenöl 1 l Gemüsebrühe (aus 1 Gemüsebrühwürfel) · weißer Pfeffer · einige Blätter Liebstöckel · etwas Kerbel 3–4 Blätter Stielmus · einige Stängel Schnittlauch

- Die Süßkartoffeln waschen, schälen und in Scheiben schneiden. Die Zwiebel schälen, klein schneiden und im Sonnenblumenöl andünsten, dann mit der Gemüsebrühe auffüllen.
- Die Kartoffelscheiben, den Pfeffer, den Liebstöckel und den Kerbel dazugeben und 15–20 Min. garen.
- Die Stielmusblätter waschen, klein schneiden und gegen Ende der Garzeit dazugeben.
- Den Schnittlauch waschen, abtropfen lassen und in Röllchen schneiden.
- Die Suppe pürieren, anrichten und mit Schnittlauch bestreuen.

Steckrübeneintopf

▶ **Für 2 Personen**
🕑 **45 Min.**

2 Karotten · 1 mittelgroße Steckrübe 1 Petersilienwurzel · 1 Stange Lauch 1 kleine Zwiebel · Kräutersalz · Galgant · etwas Endoferm · schwarzer Pfeffer · etwas Liebstöckel (ersatzweise Petersilie) · ¾ l Gemüsebrühe (aus 1 Gemüsebrühwürfel)

- Die Karotten unter fließendem Wasser mit der Gemüsebürste säubern.
- Die Steckrübe, die Karotten und die Petersilienwurzel waschen, schälen und in Würfel schneiden. Den Lauch gründlich waschen und in kleine Streifen schneiden.
- Die Zwiebel schälen, klein würfeln und alle Zutaten in der Gemüsebrühe etwa 20 Min. kochen lassen. Die Kräuter waschen, klein schneiden und zum Gemüse geben.
- Gegebenenfalls noch ein wenig nachwürzen, es sollte aber nicht zu stark gewürzt sein.

Getrüffelte Schwarzwurzelsuppe

▶ **Für 2 Personen**
🕑 **45 Min.**

500 g Schwarzwurzeln · 2 Frühlingszwiebeln · 2 EL Rapsöl · 1 l Gemüsebrühe (aus 1 Gemüsebrühwürfel) frisch gemahlener weißer Pfeffer Kurkuma · Kerbel · etwas Muskat einige hauchdünne Blättchen (1–2 g) schwarzer Trüffel (Feinkostgeschäft – meist auf Vorbestellung) oder wahlweise 2–3 Tropfen Trüffelöl

- Die Schwarzwurzeln schälen und waschen. Am besten führen Sie diese Arbeit mit Handschuhen durch, da Sie sonst Ihr Süppchen nur mit sehr verschmutzten Händen genießen können.
- Die Frühlingszwiebeln schälen, klein schneiden und im Öl kurz andünsten. Die Schwarzwurzeln in kleine Stücke schneiden, mit der Gemüsebrühe dazugeben und 20–25 Min. garen.
- Wenn die Schwarzwurzeln »al dente« sind, werden sie mit dem Zauberstab püriert. Die Gewürze dazugeben und mit den frischen Trüffeln bzw. dem Trüffelöl abschmecken.

SUPPEN FÜR MITTAGS UND ABENDS

85

Basischer Borschtsch

- Die Kartoffeln und die Rote Bete waschen, schälen, in kleine Würfel oder Scheiben schneiden und in der Gemüsebrühe zum Garen aufsetzen. Die Zwiebel schälen und klein würfeln. Den Weißkohl waschen und in dünne Streifen schneiden.
- In einem anderen Topf das Kürbiskernöl erhitzen und die Zwiebelwürfel zusammen mit den Weißkohlstreifen andünsten und nach wenigen Minuten in die Suppe geben.
- Den Gemüseeintopf nun etwa 20 Min. köcheln lassen, bis alle Gemüse gar, aber nicht weich sind. Mit den Gewürzen abschmecken.

Tipp

Kürbiskernöl ist sehr aromatisch und besitzt eine starke Würzkraft – Sie brauchen nur wenig nachzuwürzen. Sie können dieses Gericht auch mit einem neutral schmeckenden Öl zubereiten, beispielsweise Sonnenblumenöl.

▶ **Für 2 Personen**
🕑 **40 Min.**

2 große Kartoffeln
2 mittelgroße Rote Bete
1 l Gemüsebrühe
  (aus 1½ Gemüsebrühwürfeln)
1 Zwiebel
1 kleiner Weißkohl
3 EL Kürbiskernöl
  etwas Pfeffer
  etwas Kräutersalz
  Piment
  frisch gemahlener Koriander

INFO

Gemüsebrühwürfel – was Sie beim Kauf beachten sollten

Für die Suppenrezepte in meinen Büchern werden häufig Gemüsebrühwürfel verwendet. Achten Sie bitte beim Kauf darauf, dass die Gemüsebrühwürfel völlig frei von Geschmacksverstärkern wie Glutamat und Guanylat sind. Auch sollten sie ohne Knoblauch sein. Wenn Sie Gemüsebrühwürfel biologisch-dynamischer Herkunft verwenden, dann sind Sie auf der sicheren Seite. Diese enthalten stets Zwiebeln und oft Hefe, aber das ist für Basenfasten völlig o.k.

INFO

Borschtsch

Borschtsch ist eine russische Spezialität mit Roter Bete. Je nach Jahreszeit finden aber auch andere Gemüse dafür Verwendung. Den Löffel Schmand, der normalerweise dazugehört, lässt man beim Basenfasten natürlich weg. Ich fand die folgende Kürbisölvariante sehr lecker. Allerdings hatte ich auch ein hervorragendes Kürbiskernöl.

Minestrone

▶ Für 2 Personen

⊙ **20 Min.**

1 Hand voll grüne Bohnen · 1 mittelgroße Karotte · 2 große Kartoffeln 1 kleine Zucchini · 1 kleine rote Zwiebel · 1 EL Olivenöl · ¾ l Gemüsebrühe (aus 1 Gemüsebrühwürfel) · einige Stängel Glattpetersilie · etwas weißer Pfeffer · etwas Meersalz

- Die Enden der Bohnen abschneiden, die Bohnen waschen und halbieren. Die Karotte unter fließendem Wasser mit der Gemüsebürste säubern.
- Die Kartoffeln waschen, mit dem Gemüseschäler schälen und vierteln. Den Strunk der Zucchini entfernen, die Zucchini waschen und in Scheiben schneiden.
- Die Zwiebel schälen, klein schneiden und im Olivenöl kurz andünsten. Die geschnittenen Gemüse dazugeben und mit etwas Wasser ablöschen. Mit der Gemüsebrühe auffüllen und alles ca. 15 Min. lang garen.
- Petersilie waschen, klein schneiden und dazugeben. Mit den Gewürzen abschmecken und servieren.

Feines Brokkoli-Süppchen

▶ Für 2 Person

⊙ **20 Min.**

1 Zwiebel · 1 Brokkoli (etwa 500 g) 1 große Kartoffel · 2 EL Olivenöl 1 l Gemüsebrühe (aus 1 Gemüsebrühwürfel) · Muskat · Kräutersalz frisch gemahlener schwarzer Pfeffer

- Die Zwiebel schälen und fein hacken.
- Den Brokkoli putzen, waschen und in Röschen teilen.
- Die Kartoffel schälen und klein würfeln und im erhitzten Olivenöl glasig dünsten.
- Die Brokkoliröschen, die Kartoffeln und die Gemüsebrühe zugeben und zugedeckt 10 Min. garen.
- Die fertige Suppe mit dem Zauberstab pürieren und mit Muskat, Kräutersalz und Pfeffer abschmecken.

▶ Info: Der Sommer ist eigentlich eher die Zeit für knackige Salate. Wenn Sie auch im Sommer auf ihre Suppe nicht verzichten wollen, finden Sie auf dieser Seite leichte Sommersuppen.

Kerbelschaumsüppchen mit Kartoffeln

▶ Für 2 Personen

⊙ **20 Min.**

8 mittelgroße Kartoffeln · 1 l Gemüsebrühe (aus 1 Gemüsebrühwürfel) 1 Hand voll frischer Kerbel · etwas Muskat · etwas frisch gemahlener Koriander

- Die Kartoffeln waschen, schälen, vierteln und in der Gemüsebrühe garen.
- Den Kerbel waschen, einige Blättchen zur Verzierung beiseitelegen und den übrigen Kerbel sehr fein hacken.
- Muskat, Koriander und den gehackten Kerbel gegen Ende der Garzeit dazugeben und unterrühren. Mit dem Zauberstab die Suppe pürieren. Falls sie zu dick ist, noch etwas Flüssigkeit nachgießen. Mit den Kerbelblättchen verziert servieren.

◀ Minestrone.

Karottensuppe mit frischen Pfifferlingen

▶ **Für 2 Personen**

⊙ **30 Min.**

3 große Karotten · 3 mittelgroße Kartoffeln · 1 l Gemüsebrühe (aus 1 Gemüsebrühwürfel) · 10 Pfifferlinge · ½ Zwiebel
1 EL Olivenöl · Kräutersalz · frisch gemahlener weißer Pfeffer
etwas Glattpetersilie

- Die Karotten mit der Gemüsebürste unter fließendem Wasser säubern, schälen und in grobe Stücke schneiden.
- Die Kartoffeln waschen und schälen, klein schneiden und zusammen mit den Karotten in der Gemüsebrühe etwa 15 Min. dünsten.
- Die Pfifferlinge trocken säubern und evtl. klein schneiden. Die halbe Zwiebel hacken und im Öl andünsten, würzen, die Pfifferlinge dazugeben und leicht andünsten. Die Glattpetersilie waschen, klein schneiden und zu den Pfifferlingen geben.
- Die Karotten und Kartoffeln pürieren und mit den Pfifferlingen und der Petersilie anrichten.

▶ **Variante:** Probieren Sie diese Suppe auch mal mit gedünsteten Shiitakepilzen. Verwenden Sie dazu anstelle der Pfifferlinge die gleiche Menge Shiitakepilze – möglichst aus dem Naturkostladen.

Austernpilzcreme-süppchen mit Zucchini

▶ Für 2 Personen
🕑 20 Min.

1 mittelgroße Zucchini · 6 mittelgroße Kartoffeln · 400 g Austernpilze
1 Schalotte · 2 EL Sonnenblumenöl
1 l Gemüsebrühe (aus 1 Gemüse-brühwürfel) · etwas weißer Pfeffer
Kräutersalz · gemahlener Ingwer
Muskat · etwas Glattpetersilie

- Die Zucchini waschen, den Strunk entfernen und in größere Stücke schneiden.
- Die Kartoffeln waschen, schälen und in dicke Scheiben schneiden.
- Die Austernpilze, falls nötig, trocken säubern und in große Scheiben schneiden.
- Die Schalotte schälen, fein hacken und im Öl andünsten. Die Kartoffeln und die Zucchini und soviel Gemüsebrühe dazugeben, dass das Gemüse bedeckt sind. Aufkochen und dann die Gewürze zugeben.
- Wenn die Gemüse gar sind, mit dem Zauberstab pürieren und so viel Gemüsebrühe dazugeben, dass die Suppe cremig ist. Abschmecken und eventuell noch etwas nachwürzen. Die Petersilie waschen, klein schneiden und über die Suppe streuen.

Cremige Blumenkohlsuppe

▶ Für 2 Personen
🕑 20 Min.

1 mittelgroßer Blumenkohl (Winterblumenkohl) · 2 mittelgroße Kartoffeln · 1 Karotte · 1 Zwiebel · 2 EL Sesamöl oder Sonnenblumenöl
frisch gemahlener weißer Pfeffer
Liebstöckel (sog. Maggigewürz)
1 EL Sesamsalz, 1 l Gemüsebrühe (aus 1 Gemüsebrühwürfel) · etwas frische oder getrocknete Glattpetersilie

- Den Blumenkohl putzen, waschen und etwas zerkleinern. Die Kartoffeln mit der Gemüsebürste unter fließendem Wasser säubern, schälen und in Viertel schneiden.
- Die Karotte mit der Gemüsebürste unter fließendem Wasser säubern, schälen und in grobe Stücke schneiden.
- Die Zwiebel schälen, klein schneiden und in dem Öl glasig dünsten. Mit Liebstöckel, Pfeffer und Sesamsalz würzen.
- Den Blumenkohl, die Kartoffeln und die Karottenstücke zu den Zwiebeln geben und mit zwei Dritteln der heißen Gemüsebrühe bedecken, wenige Minuten kochen, aber nicht zerkochen lassen.
- Wenn das Gemüse gar ist, die Suppe pürieren, bis sie cremig ist. Die Glattpetersilie waschen, klein schneiden und über die Suppe geben.

Halloweensuppe vom Muskatkürbis

▶ Für 2 Personen (Vorrat)
🕑 35 Min.

1 mittelgroßer Muskatkürbis (oder andere Sorte) · 3 mittelgroße Kartoffeln · etwas weißer Pfeffer · Kurkuma
1 l Gemüsebrühe (aus 1 Gemüsebrühwürfel) · einige Sellerie- oder Liebstöckelblätter · etwas Petersilie und Schnittlauch

- Den Kürbis aushöhlen, die Kerne herausnehmen und das Fruchtfleisch würfeln und in einen Topf geben.
- Die Kartoffeln schälen, in Scheiben schneiden und dazugeben.
- Mit der Gemüsebrühe und den Gewürzen aufkochen und 15 bis 20 Min. kochen lassen.
- Die Sellerieblätter waschen, klein schneiden und zur Suppe geben.
- Petersilie und Schnittlauch waschen und klein schneiden. Die Suppe pürieren und mit den Kräutern bestreut servieren.

Butternutcremesuppe mit Petersilienwurzel und sautierten Austernpilzen

▶ **Für 2 Personen**

🕐 **35 Min.**

1 mittelgroßer Butternutkürbis · 2 mittelgroße Kartoffeln 1 mittelgroße Petersilienwurzel · 1 kleine Zwiebel · 2 EL Kürbiskernöl · frisch gemahlener schwarzer Pfeffer · 1 EL Sesamsalz · gemahlener Bockshornklee · Galgant · Kurkuma Liebstöckel · Kreuzkümmel · 1 l Gemüsebrühe (aus 1 Gemüsebrühwürfel) · 3 cm Ingwer · 150 g Austernpilze · 2 EL Sesamöl · einige Stängel Glattpetersilie

- Den Kürbis waschen, halbieren, schälen, die Kerne entfernen und das Kürbisfleisch grob würfeln.
- Die Kartoffeln waschen, schälen und in grobe Stücke schneiden. Die Petersilienwurzel waschen, schälen und in grobe Stücke schneiden.
- Die Zwiebel schälen, klein hacken und im Kürbiskernöl zusammen mit den Gewürzen sehr vorsichtig andünsten – nur auf mittlerer Stufe. Etwas Gemüsebrühe, danach die Petersilienwurzel und die Butternutstücke und die Gemüsebrühe zugeben und mit der restlichen Gemüsebrühe zum Kochen bringen.
- Ingwer schälen, sehr klein schneiden und zur Suppe geben. Nach ca. 15 Min. die Suppe mit dem Zauberstab pürieren und noch mal mit den Gewürzen abschmecken.
- Die Austernpilze mit Küchenkrepp trocken säubern, klein schneiden und im Sesamöl vorsichtig dünsten. Die Glattpetersilie waschen, klein hacken und am Ende der Garzeit unter die Pilze mischen. Die Pilze mit etwas Sesamsalz würzen und über die fertige Suppe geben.

Maronencremesuppe mit Futsu black

▶ **Für 2 Personen**

🕐 **20 Min.**

1 kleiner Futsu black (siehe Info) · 2 mittelgroße Kartoffeln 1 mittelgroße Zwiebel · 3 EL geröstetes Kürbiskernöl oder ein anderes nussiges Öl · 1 l Gemüsebrühe (aus 1 Gemüsebrühwürfel) · 100 g vorgekochte Maronen (gibt es in vielen Supermärkten und Bioläden) · 3 cm frischer Ingwer · frisch gemahlener schwarzer Pfeffer · Galgant · Kurkuma · Liebstöckel · 1 EL Sesamsalz

- Den Futsu black waschen, halbieren, die Kerne entfernen und das Kürbisfleisch würfeln.
- Die Kartoffeln waschen, schälen und in Stücke schneiden.
- Die Zwiebel schälen, klein hacken und im Kürbiskernöl mit den Gewürzen sehr vorsichtig andünsten – nur auf mittlerer Stufe. Nach wenigen Minuten etwas Wasser dazugeben, dann das Gemüse mit der restlichen Gemüsebrühe zum Kochen bringen.
- Die Maronen in grobe Scheiben schneiden. Ingwer schälen, klein schneiden und mit den Maronen zur Suppe geben. Nach 10–15 Min. die Suppe mit dem Zauberstab pürieren und mit den Gewürzen abschmecken.

INFO

Kleine Warenkunde: Futsu black

Futsu black ist eine japanische Kürbissorte und gehört zu den Moschuskürbissen, die man in letzter Zeit öfters in Bioläden und auf einigen Wochenmärkten findet. Trotz des exotischen Namens wird er auch in Deutschland angebaut und zählt neben Butternut und Hokkaido zu den Kürbissorten mit dem feinsten Aroma. Futsu black und Hokkaido müssen übrigens nicht geschält werden.

Navetscremesuppe mit Bibernell

▶ Für 2 Personen
🕐 15 Min.

400 g Navets-Rübchen · 3 mittelgroße Kartoffeln · 1 Frühlingszwiebel 2 EL Sesamöl · 1 l Gemüsebrühe (aus 1 Gemüsebrühwürfel) · Bibernell oder Kerbel · schwarzer Pfeffer · etwas Piment · Glattpetersilie

- Die Navets-Rübchen in grobe Scheiben schneiden. Die Kartoffeln waschen, schälen und in Scheiben schneiden. Die Frühlingszwiebel schälen und klein schneiden
- Das Sesamöl in einem Topf erhitzen und die Zwiebeln darin glasig dünsten. Die Hälfte der Gemüsebrühe sowie das Gemüse zu den Zwiebeln geben und garen.
- Die Kräuter waschen, klein hacken und ⅔ davon gegen Ende der Garzeit dazugeben.
- Die gegarten Gemüse mit dem Zauberstab pürieren und so lange Gemüsebrühe zugeben, bis die Suppe schön cremig ist. Die restlichen gehackten Kräuter über die Suppe streuen und servieren.

Geschäumte Kerbelsuppe mit Mandelblättern

▶ Für 2 Personen
🕐 30 Min.

6 große Kartoffeln · 2 Schalotten 2 EL Sonnenblumenöl · 1 l Gemüsebrühe (aus 1 Gemüsebrühwürfel) 1 Bund Kerbel · schwarzer Pfeffer Muskat · Kräutersalz · 1 gehäufter EL Mandelblätter

- Die Kartoffeln und die Schalotten schälen, fein würfeln und in dem Sonnenblumenöl andünsten. Die Gemüsebrühe dazugeben und etwa 15 Min. garen.
- Den Kerbel waschen, mit dem Wiegemesser klein hacken und gegen Ende der Garzeit mit den Gewürzen dazugeben.
- Wenn die Kartoffeln weich sind, die Suppe pürieren und durch ein Sieb passieren.
- Mit dem Zauberstab, einem Schneebesen oder mit einem Milchaufschäumer die Suppe noch einmal schaumig rühren und kurz vor dem Servieren die Mandelblätter darüberstreuen.

Cremige Suppe aus Muskatkürbis mit Sauerampfer

▶ Für 2 Personen
🕐 35 Min.

1 mittelgroßer Muskatkürbis · 3 Süßkartoffeln · 1 Schalotte · 2 EL Kürbisöl 1 l Gemüsebrühe (aus 1 Gemüsebrühwürfel) · ½ Bund Sauerampfer weißer Pfeffer · Muskat · Kurkuma Bibernell

- Den Muskatkürbis halbieren, die Kerne entfernen und das Fleisch herauslösen.
- Die Süßkartoffeln waschen, schälen und in kleine Würfel schneiden.
- Die Schalotte schälen, klein schneiden und mit den Kürbisfleisch und den Süßkartoffeln im Kürbisöl kurz und auf kleiner Flamme andünsten.
- Die Gemüsebrühe und die Gewürze dazugeben und etwa 20 Min. garen. Den Sauerampfer waschen, klein schneiden und kurz vor Ende der Garzeit zur Suppe geben.

Tipp

Schneiden Sie den Deckel des Kürbis ab und schaben Sie den Kürbis mit einem Löffel aus. Aus dem Kürbisfleisch bereiten Sie die Suppe zu und in den ausgehöhlten Kürbis können Sie ein lustiges Kürbisgesicht schnitzen. Ein Teelicht im Innern des Kürbis sorgt am Abend für Halloweenstimmung.

Gefüllte Riesenchampignons mit Kartoffelcreme

▶ **Für 2 Personen**

⊙ **1 Stunde**

8–10 mittelgroße festkochende Kartoffeln · 4 Riesenchampignons · 1 Schalotte · ½ Bund frische gehackte Kräuter (Thymian, Oregano, Basilikum, Kerbel) · 2 reife Tomaten · etwas Gemüsebrühe · 1 EL Olivenöl

- Die Kartoffeln waschen, mit der Gemüsebürste abbürsten und im Gemüsedämpfer garen.
- Die Champignons putzen, den Stiel herausdrehen, evtl. noch mit einem Löffel ausschaben. Die Champignons kurz blanchieren.
- Die Schalotte schälen und fein schneiden. Die Kräuter waschen und mit einem Wiegemesser fein hacken.
- Die Champignonreste klein schneiden und mit den Kräutern und den Schalotte mischen. Mit etwas Kräutersalz, Pfeffer und Muskat würzen.
- Die Tomaten waschen, klein hacken und zur Seite stellen. 2–3 gekochte Kartoffeln schälen, stampfen und mit etwas Gemüsebrühe und 1 EL Olivenöl zu einem Kartoffelpüree verarbeiten.
- Die Champignon-Kräuter-Mischung mit der Kartoffelcreme verrühren und in die Riesenchampignons füllen. Eine Auflaufform mit Olivenöl auspinseln und die Champignons hineinsetzen. Etwa 15 Min. im Backofen bei 180 Grad backen.
- Die Tomaten erst in den letzten 5 Min. über der Füllung verteilen. Die restlichen Kartoffeln dazu reichen.

Basischer Kartoffelbrei

▶ **Für 2 Personen**
🕑 **15 Min.**

6 große Kartoffeln · ½ – ¾ l Gemüsebrühe · etwas Muskat

- Die Kartoffeln waschen und im Gemüsedämpfer garen. Die gegarten
Kartoffeln schälen und stampfen
oder durch die Spätzlepresse drücken.
- Die Gemüsebrühe aufkochen und
nach und nach unter die Kartoffelmasse rühren, bis diese schön breiig
ist.

▶ **Variante:** Geben Sie zum Kartoffel-
brei 1 Hand voll frische Kresse.

Tipp

**Sie können die Kartoffeln natür-
lich auch auf herkömmliche Weise
in Wasser garen. Bedenken Sie
aber bitte, dass sie dadurch eine
Menge Vitalstoffe verlieren.**

Kartoffelbrei mit Wildkräuterpesto

▶ **Für 2 Personen**
🕑 **15 Min.**

1 Hand voll Wildkräuter · 1 EL Sesamsalz · 1 – 2 EL Olivenöl · 6 große
Kartoffeln · ½ l Gemüsebrühe
(aus ½ Gemüsebrühwürfel)

- Die Wildkräuter waschen, abtropfen lassen, klein hacken und mit
dem Olivenöl sowie dem Sesamsalz
gut verrühren und einige Stunden
ziehen lassen.
- Die Kartoffeln waschen, mit der Gemüsebürste abbürsten und im Gemüsedämpfer garen. Die Kartoffeln
schälen und zerstampfen oder
durch eine Spätzlepresse drücken.
- ⅓ der Gemüsebrühe zusammen mit
dem Pesto unter die Kartoffelmasse
rühren. Nach und nach die restliche
Gemüsebrühe unterrühren, bis die
Masse schön breiig ist.

Tipp

**Das Pesto schmeckt auch gut zu
Pellkartoffeln.**

Kartoffelspätzle

▶ **Für 2 Personen**
🕑 **20 Min.**

5 mittelgroße festkochende Kartoffeln · etwas Kräutersalz · etwas Muskat · 2 TL Olivenöl

- Die Kartoffeln waschen und im
Gemüsedämpfer garen. Anschließend schälen und durch die
Spätzlepresse drücken.
- Mit etwas Kräutersalz und Muskat
würzen und das Olivenöl darüberträufeln.

Tipp

**Für den großen Hunger oder wenn
Sie keinesfalls abnehmen wollen:
Essen Sie die Kartoffelspätzle als
Beilage zu einem saisonalen Ge-
müsegericht.**

Karotten-Kartoffel-Pfanne mit Mandeln

▶ Für 2 Personen
🕐 20 Min.

1 Schalotte · 3 EL Sesamöl · Bockshornklee · Galgant · Muskat · Kräutersalz · frisch gemahlener schwarzer Pfeffer · 3 Kartoffeln · 4 Karotten 2 EL gehackte Mandeln · 2 EL Glattpetersilie

- Die Schalotte schälen, fein hacken und im Sesamöl mit den Gewürzen andünsten.
- Die Kartoffeln waschen, schälen und in dünne Schnitze schneiden.
- Die Karotte mit der Gemüsebürste unter fließendem Wasser reinigen und in kleine Scheiben schneiden.
- Kartoffeln, Karotten und 1 Tasse Wasser zu den Zwiebeln geben und zusammen garen. Evtl. noch etwas Wasser zugeben, damit Gemüsesud entsteht.
- Nach ca. 10 Min. die Mandeln untermischen und mit der gewaschenen und klein geschnittenen Petersilie bestreuen.

Lauch-Shiitake-Gemüse

▶ Für 2 Personen
🕐 10 Min.

2 mittlere Stangen Lauch · 150 g Shiitake-Pilze · 3 EL Olivenöl 1 EL Sesamsalz · frisch gemahlener schwarzer Pfeffer

- Den Lauch putzen, gründlich waschen und in breitere Stücke schneiden. Die Shiitake-Pilze trocken mit Küchenkrepp säubern und vierteln.
- Das Olivenöl erhitzen und die Pilze darin andünsten. Den Lauch zufügen, einige Minuten dünsten und mit Sesamsalz und Pfeffer würzen.

▶ Das passt dazu: Zum Lauch-Shiitake-Gemüse schmecken Pellkartoffeln.

Lauchgemüse mit Kräuterseitlingen

▶ Für 2 Personen
🕐 25 Min.

3 kleine Stangen Lauch · 2 Stängel Glattpetersilie · 3 EL Sesamöl ½ Tasse Gemüsebrühe (aus ¼ Gemüsebrühwürfel) · 1 EL Sesamsalz 1 Pr. gemahlene Bockshornkleesamen · frisch gemahlener schwarzer Pfeffer · 200 g Kräuterseitlinge

- Den Lauch putzen, gründlich waschen und in feine Ringe schneiden. Die Petersilie waschen, und klein schneiden.
- Den Lauch leicht im Öl andünsten und mit der Gemüsebrühe ablöschen. Mit Sesamsalz, Bockshornklee und Pfeffer würzen.
- Die Kräuterseitlinge mit einer Pilzbürste oder mit Küchenkrepp säubern und in dünne Scheiben schneiden.
- Pilze zum Lauchgemüse geben und zusammen mit der Glattpetersilie noch einige Minuten dünsten.

GEMÜSEGERICHTE FÜR MITTAGS UND ABENDS

◀ Karotten-Kartoffel-Pfanne mit Mandeln.

97

Feine Pestokartoffeln

▶ Für 2 Personen
⏱ 20 Min.

8 mittelgroße Kartoffeln · 4 Hände voll frischer Basilikum · 4 EL Olivenöl Kräutersalz · frisch gemahlener schwarzer Pfeffer

▬ Die Kartoffeln waschen, mit der Gemüsebürste abbürsten und im Gemüsedämpfer etwa 15 Min. garen.
▬ Die Basilikumblätter waschen, abtropfen lassen und sehr fein hacken – dann mit Olivenöl, Kräutersalz und Pfeffer zu einer Paste verrühren. Gut ist, wenn Sie das Pesto einige Stunden durchziehen lassen.
▬ Die Kartoffeln in Scheiben schneiden und auf einem flachen Teller anrichten. Pesto darüberträufeln und sofort servieren.

Tipp

Dieses Pesto können Sie prima auf Vorrat herstellen und nach dem Basenfasten auch mal mit einem Brot oder mit Dinkel- oder Hirsespaghetti genießen.

Pellkartoffeln mit Avocadocreme

▶ Für 2 Personen
⏱ 15 Min.

7 – 8 Kartoffeln · 2 reife Avocados 1 Pr. Meersalz · 1 Pr. gemischter Pfeffer · Saft von 1 Zitrone · 1 Schälchen Kresse

▬ Die Kartoffeln waschen, im Gemüsedämpfer garen und schälen.
▬ Die Avocados schälen und entkernen, das Fruchtfleisch mit der Gabel zerdrücken und die Gewürze und den Zitronensaft untermischen. Zuletzt die Kresse untermischen.
▬ Die Kartoffeln mit der Creme bestreichen.

Pellkartoffeln mit Olivencreme

▶ Für 2 Personen
⏱ 15 Min.

7 – 8 Kartoffeln · ½ Glas Olivencreme (z. B. Rapunzel)

▬ Die Kartoffeln waschen, im Gemüsedämpfer garen und schälen.
▬ Die Kartoffeln in Scheiben schneiden und mit der Olivencreme bestreichen.

Kräuterkartoffeln aus der Pfanne

▶ Für 2 Personen
⏱ 20 Min.

10 mittelgroße Kartoffeln · 1 Hand voll frischer Kräuter (am besten ein Bund mit Wildkräutern) · 2 EL Olivenöl · 1 EL Kräutersalz · frisch gemahlener schwarzer Pfeffer

▬ Die Kartoffeln waschen, mit der Schale im Gemüsedämpfer garen und in Schnitze schneiden.
▬ Die Kräuter waschen und klein hacken. Das Öl vorsichtig erhitzen und die Kartoffeln darin schwenken.
▬ Kräuter dazugeben, mit Kräutersalz und Pfeffer würzen und servieren.

INFO

Gekochte Kartoffeln auf Vorrat

Kochen Sie jedes Mal, wenn Sie ein Kartoffelgericht zubereiten, die doppelte oder dreifache Menge Kartoffeln ab. Die nicht verwendeten Kartoffeln können Sie einige Tage im Kühlschrank lagern und bei Bedarf als Bratkartoffeln, in einer Suppe oder als Salat verzehren. Auch eine kalte gekochte Kartoffel mit etwas Pesto bestrichen, kann eine Heißhungerattacke abwehren.

Kartoffelspaghetti mit Spinat und Kräuterseitlingen

▶ **Für 2 Personen**
🕐 **20 Min.**

3 große festkochende Kartoffeln · 1 Karotte · 1 Hand voll frische Spinatblätter · 1 Frühlingszwiebel · 12 mittelgroße Kräuterseitlinge · 3 EL Olivenöl · 1 Hand voll frische Glattpetersilie · Meersalz · gemahlene Bertramwurzel · weißer Pfeffer · 1 EL Sesamsalz · gemahlener Koriander

- Die Kartoffeln waschen, schälen und mit der Gemüsespaghettimaschine zu Spaghetti verarbeiten.
- Die Karotte waschen, mit der Gemüsebürste säubern und in dünne Streifen schneiden. Den Spinat waschen und etwas klein schneiden.
- Die Kartoffelspaghetti, die Karotte und den Spinat im Gemüsedämpfer wenige Min. dünsten (4 bis max. 5 Min.).
- Die Zwiebel schälen und klein schneiden. Die Kräuterseitlinge, falls nötig, säubern und klein schneiden. Das Olivenöl erhitzen, die Zwiebeln und die Kräuterseitlinge dazugeben und wenige Minuten dünsten.
- Die Petersilie waschen, klein schneiden und am Ende der Garzeit unter die Kräuterseitlinge mischen. Mit den Gewürzen abschmecken und über die Kartoffelspaghetti-Spinat-Mischung geben.

▶ **Variante:** Sie können auch aus Petersilienwurzeln oder Karotten Spaghetti drehen. Sie lassen sich am besten zu Spaghetti verarbeiten, wenn die Gemüse dick und gerade sind.

Tipp

Im Winter schmeckt dieses Rezept mit schwarzem Trüffel superlecker und begeistert auch Ihre Gäste. Sie benötigen dazu: 1 kleinen schwarzen Trüffel. Sie lassen weg: die Kräuterseitlinge. Bereiten Sie Die Kartoffelspaghetti wie beschrieben zu und reiben Sie den Trüffel mit einer Trüffelreibe über das fertige Gericht.

Blitzschnelle Gemüsepfanne

▶ **Für 2 Personen**
🕐 **10 Min.**

1 Portion Pfannengemüse (vorgeschnitten – finden Sie oft an Marktständen) · 2 EL Sonnenblumenöl · frisch gemahlener schwarzer Pfeffer · Kräutersalz · Galgant · Liebstöckel · etwas Piment

- Das geschnittene Gemüse waschen und abtropfen lassen. Das Sonnenblumenöl erhitzen, das Gemüse dann unter Rühren garen und die Gewürze dazugeben.
- Falls nötig, mit ein wenig Wasser ablöschen, damit das Gemüse nicht zu sehr anbrät.

Tipp

Pfannengemüse vom Wochenmarkt besteht aus mehreren Gemüsesorten der Saison: meist Karotte, Lauch, Brokkoli oder Blumenkohl und Sellerie. Ideal, wenn es schnell gehen muss und keine Zeit für die Gemüseschnippelei ist.

Winter-Sesam-Gemüse aus dem Wok

▶ **Für 2 Personen**

🕑 **15 Min.**

1 Karotte · 2 kleine Wirsingblätter · 1 kleine Stange Lauch
2 EL Sesamöl · 3 EL frische Sojabohnenkeimlinge · 1 Blatt
Norialgen, geröstet · 1 gehäufter TL Tahin (Sesampaste)
2 EL Sesam · etwas Koriandergrün

- Die Karotte, die Wirsingblätter und den Lauch waschen
  und in sehr dünne Streifen schneiden. Das Sesamöl im
  Wok erhitzen und die Gemüse unter ständigem Rühren
  andünsten.
- Die Sojabohnenkeimlinge und 2 EL Wasser dazugeben.
  Die Norialgen in dünne Streifen schneiden und zusammen
  mit dem Tahin, Sesam und dem Koriandergrün in den Wok
  geben. Alles gut durchmischen und abschmecken.

Tipp

**Falls die Mischung zu fad schmeckt, können Sie noch
etwas Norialgen dazugeben. Norialgen werden haupt-
sächlich für Sushi-Röllchen gebraucht. Es gibt sie in
asiatischen Geschäften oder auch in größeren Supermärkten. Sie sind sehr nährstoffreich, enthalten aber
auch viel Salz und Jod und sollten daher nur in kleinen
Mengen gegessen werden.**

Gefüllte Wirsingkörbchen

▶ Für 2 Personen

⏱ ca. 45 Min.

1 kleiner Wirsing · 1 Karotte · 100 g Egerlinge · 1 kleine Zwiebel · 3 EL Sonnenblumenöl · Kräutersalz · schwarzer Pfeffer · Muskatnuss · etwas Gemüsebrühe · 3 kleine Kartoffeln

- Die Wirsingblätter waschen, blanchieren und 4 große Blätter davon zur Seite legen. Je nach Größe 2–3 Wirsing-blätter in feine Streifen schneiden.
- Die Karotte mit der Gemüsebürste unter fließendem Wasser säubern. Die Egerlinge mit Küchekrepp säubern, die Zwiebel schälen und alles in feine Scheiben schneiden.
- Die Zwiebel und die Karotte in Öl andünsten, danach den Wirsing und die Egerlinge zugeben. Würzen, dann die Gemüsebrühe beimengen.
- In der Zwischenzeit die Kartoffeln kochen, schälen und mit der Gabel zerdrücken. Sobald das Gemüse gar ist, die zerdrückten Kartoffeln dazugeben.
- Nun ca. 2 EL der Gemüsemasse in je eines der beiseite-gelegten Wirsingblätter geben und die Blätter jeweils zu einem Körbchen schließen (mit etwas Bindfaden – ein Schnittlauchstängel geht auch).

Tipp

Was vom Wirsing übrig bleibt, können Sie am nächsten Tag in einer Suppe verwenden.

Mit winterlichen Gemüsen gefüllte Kohlrabi

▶ Für 2 Personen

⏱ 45 Min.

2 mittelgroße Kohlrabi · 1 Karotte · 1 Pastinake · 1 Hand voll frische Erbsen · 1 kleine Zwiebel · 2 EL Sonnenblumenöl 1 Tasse Gemüsebrühe · etwas Kräutersalz · schwarzer Pfeffer · Galgant · 1 Hand voll frische Kresse

- Die Kohlrabi schälen, aushöhlen und in mit Kräutersalz gewürztem Wasser je nach Größe und Wanddicke 15–20 Min. garen. Die kleinen Kohlrabiteile klein schnei-den oder hacken.
- Die Karotte und die Pastinake waschen, schälen und ebenfalls klein schneiden oder hacken.
- Die Erbsen aus ihren Schalen lösen. Die Zwiebel schälen, klein hacken und im Öl andünsten.
- Das klein geschnittenen Gemüse und die Erbsen dazu-geben und unter Umrühren dünsten. Die Gemüsebrühe und die Gewürze dazugeben.
- Die Kohlrabi aus dem Wasser nehmen, abtropfen lassen und mit der Gemüsemischung füllen. Mit der Kresse verziert servieren.

▶ **Das passt dazu:** Dazu passen 2 kleine Pellkartoffeln.

Basenfasten auf asiatisch

Sind Sie ein Liebhaber der asiatischen Küche? Lieben und genießen Sie die ruhige Atmosphäre in einem japanischen oder indischen Restaurant? So bunt und vielfältig der asiatische Kontinent ist, so bunt und vielfältig ist die asiatische Küche. Selbst die traditionelle Küche Asiens ist als gesund und leicht bekannt. Noch gesünder wird sie, wenn Sie auf basisch umgestellt wird.

Obstsalat in der Drachenfruchtschale

▶ **Für 2 Personen**
1 Drachenfrucht · ½ reife Papaya
1 reife Banane · 1 Msp. Vanille
Saft von ½ Limette

- Die Drachenfrucht halbieren und das Fruchtfleisch mit einem Löffel herauslösen und in kleine Stücke schneiden. Die Banane schälen und in Scheiben schneiden. Die Kerne mit einem Löffel aus der Papayahälfte schaben, die Papaya schälen und das Fruchtfleisch klein würfeln.
- Die Früchte vermischen, Vanille und Limettensaft dazugeben. Die Fruchtmischung in die beiden Drachenfruchtschalen füllen. Was übrig bleibt, neben die Drachenfruchtschale auf den Teller legen.

▶ **… und nach dem Basenfasten:**
Dieser exotische Obstsalat ist so lecker, dass er allenfalls mit 2 TL Kokosflocken oder 1 Hand voll gerösteten Erdnüssen leicht angesäuert werden kann.

Misosuppe mit Wakame

▶ **Für 2 Personen**
1 Hand voll Shiitakepilze · ¾ l Wasser · ½ Gemüsebrühwürfel · etwa 2 g Wakame Instant Algen (von Arche) · etwa 30 g Misopaste

- Die Shiitakepilze mit Küchenkrepp trocken säubern und vierteln. Das Wasser erhitzen, den Gemüsebrühwürfel darin auflösen und die Shiitakepilze wenige Min. darin garen, dann die Wakamealgen dazugeben. Die Misopaste einrühren und die Suppe vom Herd nehmen.

▶ **… und nach dem Basenfasten:**
Sie fügen hinzu: 100 g Bio-Seidentofu (Reformhaus, Bioladen). Tofu abtropfen lassen, in kleine Würfel schneiden und am Ende der Garzeit in die Suppe geben.

▶ Misosuppe mit Wakame.

Koreanische Gemüsesuppe mit Meeresalgen und Lotuswurzeln

▶ Für 2 Personen

1 frische Lotuswurzel · 2 mittelgroße Karotten · 1 kleiner Pak Choi · 1 Frühlingszwiebel · 1 l Gemüsebrühe (aus 1 Gemüsebrühwürfel) · ca. 30 g Wakame-Algen · etwas frisch gemahlener schwarzer Pfeffer · Chili · Kreuzkümmel · Galgant gemahlener Bockshornkleesamen · gemahlener Koriander gemahlener Piment · 1 EL Sesamsalz · 1 EL Bio-Sojasauce

- Die Lotuswurzel waschen, mit einem Gemüseschäler die dünne Schale entfernen, den Strunk abschneiden und die Lotuswurzel quer in dünne Scheiben schneiden. Die Karotten unter fließendem Wasser mit der Gemüsebürste säubern und in dünne Scheiben schneiden.
- Den Pak Choi waschen, abtropfen lassen, den Strunk herausschneiden und die Blätter in dicke Streifen schneiden. Die Frühlingszwiebel waschen und in feine Ringe schneiden.
- Die Gemüsebrühe erhitzen und Lotuswurzeln, Frühlingszwiebeln, die Karotten und die Gewürze – nicht die Sojasauce – dazugeben und 10–12 Min. gar werden lassen. Machen Sie eine Garprobe – die Lotuswurzeln sollten noch knackig sein, aber nicht zu hart.
- Die Wakame-Algen etwa ½ Stunde in warmem Wasser einweichen. Die Algenstücke herausnehmen, abtropfen lassen, in mundgerechte Stücke schneiden und gegen Ende der Garzeit zur Suppe geben.
- Die Suppe auf 2 Tellern anrichten und nach Belieben wenig Sojasauce dazugeben – nicht zu viel – sie ist sehr salzig.

Thailändische Wokpfanne mit Shiitakepilzen und Mango

▶ Für 2 Personen

2 kleine Pak Choi · je 1 Prise Bockshornklee · Galgant Kurkuma · Kreuzkümmel · Zitronengras · frisch gemahlener schwarzer Pfeffer · ½ Tasse Wasser · ½ Mango 150 g Shiitakepilze · 4 EL Sesamöl · 1 EL Sesamsalz

- Den Pak Choi waschen und in dünne Streifen schneiden. 2 EL Sesamöl erhitzen, den Pak Choi mit den Gewürzen unter Rühren andünsten. Mit dem Wasser ablöschen.
- Die halbe Mango schälen und in kleine Würfel schneiden. Die Shiitakepilze mit Küchenkrepp säubern, in kleine Scheiben schneiden und in 2 EL Sesamöl andünsten.
- Die Pilze mit etwas Sesamsalz würzen. Die Mangowürfel gegen Ende der Garzeit unterheben. Das Pak-Choi-Gemüse auf 2 Tellern anrichten und die Shiitakepilze darüber verteilen.

Tipp

Wenn Sie keine frische reife Mango bekommen, können Sie Mangopulver verwenden – gibt es in Asialäden und in gut sortieren Bioläden.

Kohlrabispaghetti mit Spinat und schwarzem Trüffel

▶ **Für 2 Personen**

⏱ **25 Min.**

2 mittelgroße Kohlrabi · 2 Hände voll junger Spinat · 1 Frühlingszwiebel 2 EL Sonnenblumenöl · Kräutersalz frisch gemahlener schwarzer Pfeffer etwas Wasser zum Ablöschen · etwas frischer schwarzer Trüffel (Feinkostgeschäft im November/Dezember)

- Die Kohlrabi waschen, schälen und mit der Gemüsespaghettimaschine zu Spaghetti verarbeiten (S. 35). Spinat waschen und abtropfen lassen. Sehr große Blätter halbieren oder vierteln.
- Die Frühlingszwiebel waschen, schälen, klein schneiden und im erhitzten Öl glasig rühren. Die Kohlrabispaghetti dazugeben und unter ständigem Rühren dünsten. Nach einigen Minuten den Spinat unterrühren und mitdünsten. Mit etwas Wasser ablöschen und mit den Gewürzen abschmecken.
- Den Trüffel mit einer Trüffelreibe hauchdünn drüberreiben.

Tipp
Wenn Sie keine Gemüsespaghettimaschine haben, können Sie die Kohlrabi auch in ganz dünne Steifen schneiden oder mit der Gemüsereibe hobeln.

Vorfrühlingsgemüse mit neuen Kartoffeln

▶ **Für 2 Personen**

⏱ **15 Min.**

6 kleine neue Kartoffeln (z. B. Galatina Sieglinde) · 2 mittelgroße Karotten 1 Frühlingszwiebel · 2 EL Sonnenblumenöl · etwas weißer Pfeffer · etwas Kräutersalz · 1 Hand voll Brunnenkresse (wahlweise Gartenkresse)

- Kartoffeln waschen, schälen und in kleine Würfel schneiden. Karotten waschen, abbürsten und in kleine Würfel schneiden. Gemüse im Gemüsedämpfer al dente garen.
- Die Frühlingszwiebel waschen, schälen, klein würfeln und in Öl glasig dünsten.
- Das gegarte Gemüse in der Zwiebel-Öl-Mischung wenden und nicht mehr erhitzen. Mit den Gewürzen abschmecken und mit der Brunnenkresse garniert servieren.

Junge Karotten im Sojasprossenbett

▶ **Für 2 Personen**

⏱ **35 Min.**

1 Bund junge Karotten · 1 kleine Zwiebel · 2 EL Sesamöl · 2 Hand voll frische Sojasprossen · weißer Pfeffer 1 Pr. gemahlener Ingwer · Kräutersalz etwas Gartenkresse

- Die Karotten waschen, mit der Gemüsebürste säubern und das Karottengrün so abschneiden, dass grüne Stängel von 5–7 cm übrig bleiben.
- Karotten in Wasser mit etwas Kräutersalz sieden lassen, bis sie »al dente« sind. Zwiebel fein würfeln und in dem Sesamöl glasig dünsten.
- Sojasprossen waschen, dazugeben und mit den Gewürzen abschmecken. Nicht anbraten lassen – nur kurz erhitzen. Auf einem Teller die Sojasprossen ausbreiten, Karotten fächerförmig darüber ausbreiten und mit Kresse garnieren.

GEMÜSEGERICHTE FÜR MITTAGS UND ABENDS

GEMÜSEGERICHTE FÜR MITTAGS UND ABENDS

Lauchgemüse mit Karotten und Frühlings-Brunnenkresse

▶ Für 2 Personen

🕐 20 Min.

2 Stangen Lauch · 2 mittelgroße Karotten · 2 EL Sesamöl
etwas Kräutersalz · frisch gemahlener weißer Pfeffer
1 Pr. Koriander · 1 Pr. Muskatnuss · ½ Hand voll frische
Brunnenkresse

- Den Lauch gründlich waschen, putzen und in dünne Streifen schneiden.
- Die Karotten waschen, mit der Gemüsebürste abreiben und in kleine Stifte schneiden. Die Brunnenkresse waschen, abtropfen lassen und klein schneiden.
- Lauch und Karotten im Gemüsedämpfer wenige Minuten al dente garen.
- Das unerhitzte Sesamöl mit den Gewürzen mischen und das gegarte Gemüse darin wälzen. Zuletzt die Brunnenkresse zugeben.

Tipp

Wenn Sie besonders hungrig sind, können Sie das Lauchgemüse auch mit Kartoffeln essen. Waschen und schälen Sie dazu eine große Kartoffel, schneiden Sie die Kartoffel in kleine Würfel und garen Sie die Kartoffelwürfel zusammen mit dem Lauchgemüse.

Kartoffelsalat mit sauren Bohnen

▶ Für 2 Personen
⊙ 15 Min.

250 g gegarte saure Bohnen
½ Zwiebel · 1 TL Zitronensaft
½ TL Meersalz · weißer Pfeffer
3 Stiele Glattpetersilie · 6 gekochte
Pellkartoffeln · 3 EL Olivenöl
5 Cocktailtomaten

- Die sauren Bohnen zubereiten (siehe unten). Zwiebel schälen und würfeln. Einige Esslöffel Kochwasser der sauren Bohnen mit dem Zitronensaft, dem Meersalz, dem Pfeffer und der fein gehackten Petersilie zu einer Marinade vermischen.
- Die Kartoffeln schälen, würfeln und zusammen mit den Bohnen mit der Marinade übergießen und durchziehen lassen. Olivenöl zugeben und abschmecken. Mit den halbierten Tomaten garnieren.

Mangoldrolle mit Kartoffel-Kräuter-Creme

▶ Für 2 Personen
⊙ 45 Min.

2 kleine Mangoldblätter · 4 große gegarte Pellkartoffeln · ½ Bund gemischte Kräuter · ½ Tasse Gemüsebrühe · etwas Muskat · weißer Pfeffer
Kerbel

- Die Mangoldblätter waschen und im Gemüsedämpfer in wenigen Minuten »al dente« garen.
- Die Kräuter waschen, abtropfen lassen und klein hacken.
- Die Kartoffeln waschen, schälen, zerstampfen und mit den Kräutern und Gewürzen und der Gemüsebrühe zu einer festen Creme verrühren.
- Je 2–3 EL Kartoffel-Kräuter-Creme auf ein Mangoldblatt geben und das Blatt darumrollen. Die Rolle hält besser, wenn sie mit einem Zahnstocher festgehalten wird.

Wirsing mit Karottenspaghetti und Aprikosen

▶ Für 2 Personen
⊙ 20 Min.

½ Wirsing · 1 große gerade Karotte
3 EL Sesamöl · 1 EL Sesamsalz
½ TL Mangopulver · Kurkuma
gemahlener Kreuzkümmel · Galgant
frisch gemahlener schwarzer Pfeffer
gemahlener Bockshornklee · 8 getrocknete ungeschwefelte Aprikosen

- Den Strunk des Wirsings abschneiden, den Wirsing waschen und in feine Streifen schneiden.
- Die Karotten unter fließendem Wasser mit der Gemüsebürste säubern, die Enden gerade schneiden und die Karotten nacheinander mit der Gemüsespaghettimaschine (S. 35) zu Spaghetti verarbeiten.
- Den Wirsing im Sesamöl mit den Gewürzen andünsten. Dann die Karottenspaghetti unter Umrühren zugeben. Die Aprikosen klein schneiden und am Ende der Garzeit untermischen.

SO GEHT'S

Grundrezept saure Bohnen

500 g saure Bohnen abtropfen lassen – wenn Sie das Gericht nicht so sauer mögen, spülen Sie die Bohnen im Sieb kurz kalt ab. 2 Tassen Wasser zum Kochen bringen und die Bohnen darin 15–20 Min. kochen. Milchsauer vergorene Bohnen gibt es abgepackt in 500-g-Beuteln zu kaufen.

Auberginen-Zucchini-Türmchen

▶ Für 2 Personen
🕑 30 Min.

1 mittelgroße Aubergine · 1 mittelgroße Zucchini · etwas Meersalz frisch gemahlener schwarzer Pfeffer 1 TL Thymian · 3 EL Olivenöl · 10 reife Cocktailtomaten · einige Basilikumblätter · 4 Schaschlikspieße

- Die Aubergine und die Zucchini waschen und in dünne Scheiben schneiden. Salz, Pfeffer und Thymian unter das Olivenöl mischen und mit einem Pinsel die Auberginen- und Zucchinischeiben etwas einölen.
- In einer Auflaufform abwechselnd eine Scheibe Aubergine und eine Scheibe Zucchini übereinandersetzen, sodass es 4 Türmchen gibt.
- Jedes Türmchen mit einem Schaschlikspieß befestigen und auf die Spitze eine halbe Cocktailtomate setzen. Im Backofen etwa 20 Min. grillen.
- Die übrigen Tomaten waschen, vierteln und mit etwas Olivenöl, Meersalz und Pfeffer würzen.
- Die Basilikumblätter waschen, klein schneiden und unter die Tomaten mischen. Nach 15 Min. Grillzeit zu den Auberginentürmchen geben.

Auberginengemüse provençal

▶ Für 2 Personen
🕑 15 Min.

1 große reife Aubergine · 2 EL Olivenöl · 1–2 TL Kräuter der Provence frisch gemahlener schwarzer Pfeffer frischer Rosmarin oder Lavendel

- Die Aubergine waschen, den Stielansatz abschneiden und das Auberginenfleisch klein würfeln. Die Auberginen in Olivenöl unter Rühren einige Min. andünsten, bis sie gerade beginnen, weich zu werden.
- Die Kräuter der Provence daruntermischen, den Pfeffer zugeben und mit einem Rosmarinzweig oder etwas Lavendel servieren.

Tipp

Dieser Gemüsetopf schmeckt auch lecker, wenn Sie anstelle der großen Aubergine eine kleine verwenden und dazu 1 kleine Zucchini, die Sie waschen und in Würfel schneiden und 1 mittelgroße Kartoffel, die Sie waschen, schälen und klein würfeln. Einfach Zucchini und Kartoffeln mit den Auberginenstücken im Olivenöl andünsten und das Gemüse wie beschrieben zubereiten.

Fenchelgemüse mit Kartoffeln

▶ Für 2 Personen
🕑 15 Min.

2 kleine Fenchelknollen · 6–8 kleine Kartoffeln (Galatina Sieglinde) etwas Cenofis Bio · 2 EL Sesam- oder Sonnenblumenöl

- Die Fenchelknollen waschen, die holzigen Stellen der äußeren Schale entfernen und die Fenchelknollen halbieren. Sollten die Fenchelhälften zu groß sein, dann den Fenchel vierteln. Etwas Fenchelgrün beiseitelegen.
- Die Kartoffeln waschen, mit der Gemüsebürste abreiben und halbieren. Die Fenchelteile und die Kartoffeln im Gemüsedämpfer 8 bis 10 Min. garen.
- Das Sonnenblumenöl nicht erhitzen, nur etwas Cenofis oder ein anderes Kräutersalz zugeben und vermischen und die gegarten Gemüse darin wälzen. Mit Fenchelgrün garniert servieren.

◀ Auberginen-Zucchini-Türmchen.

GEMÜSEGERICHTE FÜR MITTAGS UND ABENDS

Grüne Bohnen mit Kräuterseitlingen

▶ Für 2 Personen

🕑 20 Min.

300 g grüne Bohnen · 300 g Kräuterseitlinge · 1 kleine Schalotte · einige Stängel Bohnenkraut · 2 EL Olivenöl weißer Pfeffer · etwas Piment

- Die Bohnen waschen, die Enden abschneiden und die Bohnen halbieren.
- Die Kräuterseitlinge, soweit nötig, mit Küchenkrepp säubern und die größeren Pilze klein schneiden.
- Die Schalotte schälen und klein würfeln. Die Bohnen mit dem Bohnenkraut im Gemüsedämpfer garen.
- Das Olivenöl erhitzen, die Schalotte und die Kräuterseitlinge darin kurz andünsten. Vom Herd nehmen, mit den gegarten Bohnen vermischen und mit den Gewürzen abschmecken.

Fenchel mediterran mit schwarzen Oliven

▶ Für 2 Personen

🕑 20 Min.

2 mittelgroße Fenchelknollen 1 kleine Zwiebel · 8 Cocktailtomaten 2 EL Olivenöl · 1 Hand voll schwarze ungefärbte Oliven · 1 EL Sesamsalz frisch gemahlener schwarzer Pfeffer etwas Fenchelgrün

- Die Fenchelknollen waschen, die holzigen Stellen der äußeren Schale entfernen und die Knollen halbieren. Sollten die Fenchelhälften zu groß sein, dann den Fenchel vierteln. Etwas Fenchelgrün beiseitelegen.
- Die Fenchelteile im Gemüsedämpfer 8 bis 10 Min. garen.
- Die Zwiebel schälen und fein schneiden. Die Tomaten waschen, halbieren und mit den Zwiebeln im Olivenöl andünsten. Mit Sesamsalz und Pfeffer würzen.
- Die Oliven dazugeben, kurz anwärmen und über das gegarte Fenchelgemüse geben. Mit Fenchelgrün garniert servieren.

Backofenkartoffeln mit Rosmarin

▶ Für 2 Personen

🕑 25 Min.

12 kleine neue Kartoffeln (z. B. La Ratte, Amandine, Bamberger Hörnchen oder neue kleine Galatina Sieglinde) · 1 Zweig Rosmarin oder getrockneter Rosmarin von Brecht (Reformhaus) · Kräutersalz · 4 EL Olivenöl

- Die Kartoffeln mit der Gemüsebürste putzen, abwaschen und halbieren. Den Rosmarin waschen und mit dem Kräutersalz mischen.
- Die Kartoffelschnittflächen mit der Olivenöl-Kräuter-Mischung bestreichen. Im Backofen bei 190 Grad etwa 15 Min. kross werden lassen. Achten Sie darauf, dass die Kartoffeln nicht zu braun werden.

Tipp

Die Kartoffeln haben eine so dünne Schale, dass sie nicht geschält werden müssen.

▶ Info: Bamberger Hörnchen oder Hörnla – bzw. La Ratte – gehören zu den besonders aromatischen Kartoffelsorten. Sie sind klein und haben die Form eines Hörnchens, daher der Name. Man findet sie in Bioläden, in Gemüsegeschäften und auf Wochenmärkten. Sie sind ein wenig teurer, aber sehr lecker.

INFO

Kleine Warenkunde: Seitlinge

Kräuterseitlinge finden Sie oft im Gemüseladen – ihr kräftiges Aroma ist dem der Steinpilze ähnlich. Mir persönlich schmeckt er sehr gut. Glattpetersilie unterstützt sein Aroma. **Limonenseitling:** Eine leuchtend gelbe Spezialität, etwas milder und fruchtiger im Geschmack als der Kräuterseitling. Durch etwas Zitronensaft wird sein Aroma intensiviert. **Rosenseitling:** Der rosafarbene Edelpilz verfärbt sich beim Braten orange und entwickelt ein kräftiges Pilzaroma.

Gefüllte Kürbisblüten mit Tomatensalsa

▶ **Für 2 Personen**
⊙ **45 Min.**

10 mittelgroße festkochende Kartoffeln · 8 Kürbisblüten (gibt es nur im Frühjahr und Frühsommer) · ½ Gemüsebrühwürfel 1 gute Hand voll Basilikum · 1 EL Olivenöl

▬ Die Kartoffeln mit der Schale im Gemüsedämpfer garen. Die Stempel der Kürbisblüten vorsichtig herauslösen. Basilikum waschen (einige Blätter beiseitelegen), abtropfen lassen und sehr klein schneiden. Aus dem Gemüsebrühwürfel eine Brühe herstellen.

▬ Die Kartoffeln schälen, klein stampfen und mit dem Olivenöl und so viel Gemüsebrühe vermixen, bis sie die Konsistenz eines Kartoffelpürees haben. Basilikum untermischen und die Kartoffelcreme vorsichtig in die Kürbisblüten füllen.

▬ Eine Auflaufform mit etwas Olivenöl auspinseln und die gefüllten Kürbisblüten hineinsetzen. Ca. 15 Min. im Backofen bei 180 Grad backen.

SO GEHT'S

Rezept für Tomatensalsa

250 g reife Tomaten · 2 EL Olivenöl · etwas Meersalz etwas frisch gemahlener schwarzer Pfeffer Die Tomaten kurz In heißes Wasser geben, die Haut abziehen, die Tomaten klein würfeln und im erhitzten Olivenöl kurz andünsten. Salz, Pfeffer und restliche klein gezupfte Basilikumblättchen dazugeben und zu den Kürbisblüten servieren. Das Tomatensalsa schmeckt auch gut zu Fenchelgemüse, zu gebratenen Zucchini oder zu Lauchgemüse.

GEMÜSEGERICHTE FÜR MITTAGS UND ABENDS

Igel-Stachelbart mit Kirschtomaten

▶ **Für 2 Personen**

⊘ **15 Min.**

250 g Igel-Stachelbart, 2 Hände voll reife Kirschtomaten
einige Blätter Basilikum, 2 EL Olivenöl, Kräutersalz

▪ Den Igel-Stachelbart, falls nötig, mit Küchenkrepp säubern
und in etwa 2 cm dicke Scheiben schneiden. Die Tomaten
waschen und halbieren. Die Basilikumblätter waschen und
klein schneiden.
▪ Die Pilzscheiben vorsichtig im Öl andünsten. Würzen und
die Tomaten und den Basilikum dazugeben.

▶ **Info:** Igel-Stachelbart ist ein Zuchtpilz, den es ganzjährig
gibt.

Tipp

Erweitern Sie dieses Rezept mit einer Portion Zucchinispaghetti. Dazu benötigen Sie eine mittelgroße, gerade
Zucchini, die Sie waschen und mit einer Gemüsespaghettimaschine zu Spaghetti verarbeiten. Die Zucchinispaghetti in 2 EL Olivenöl andünsten und mit etwas Kräutersalz und frisch gemahlenem schwarzem Pfeffer würzen.
Ist auch nach dem Basenfasten eine leckere Beilage zu
Fisch- und Fleischgerichten.

Mediterranes Gemüse al forno

▶ Für 2 Personen
🕐 35 Min.

2 mittlere Zucchini · 1 kleine Aubergine · Gemüsebrühe · 1 Zwiebel 3 EL Olivenöl · 10–12 reife kleine Tomaten · 10–12 schwarze Oliven frisch gemahlener schwarzer Pfeffer Kräutersalz · Thymian · Rosmarin 20 Basilikumblätter

- Die Zucchini unter fließendem Wasser abbürsten und mit einem scharfen Messer so der Länge nach anschneiden, dass sie wie ein Fächer auseinandergelegt werden kann.
- Die Aubergine waschen, klein würfeln und mit den Zucchinifächern in etwas Gemüsebrühe 15 Min. garen.
- Die Zwiebel schälen, klein schneiden, im Olivenöl glasig dünsten und in einer Auflaufform gleichmäßig verteilen. Die Tomaten waschen und in Scheiben schneiden.
- Die ausgebreitete Zucchini mit den Auberginenstücken in die Auflaufform geben und die Oliven, die Tomatenscheiben, Rosmarin und Thymian darüber verteilen.
- Im vorgeheizten Ofen bei 180 Grad wenige Minuten erwärmen. Die Basilikumblätter erst kurz vor dem Servieren darüber verteilen.

Paprikagemüse mit schwarzen Oliven

▶ Für 2 Personen
🕐 15 Min.

Je 1 rote, gelbe und grüne Paprika 2 EL Olivenöl · etwas Kräutersalz 1 Pr. schwarzer Pfeffer · 1 Hand voll ungefärbte schwarze Oliven · einige Blättchen Thymian

- Die Paprika waschen, den Strunk herausschneiden, die Kerne herauslösen und die Paprika in dünne Streifen schneiden. Das Olivenöl erhitzen, die Paprikastreifen darin vorsichtig andünsten und die Gewürze zugeben.
- Oliven und Thymianblättchen gegen Ende der Garzeit dazugeben und untermischen.

Tipp

Achten Sie bitte bei der Wahl der schwarzen Oliven darauf, dass Sie Oliven bekommen, die ihre Färbung nicht durch Zugabe von Eisenglukonat erhalten haben (steht auf der Packung) – dies kann bei empfindlichen Menschen zu Magenproblemen bis hin zu Verdauungsstörungen führen.

Ratatouille

▶ Für 2 Personen
🕐 35 Min.

1 Aubergine · 2 Zucchini · 5 Strauchtomaten · 2 kleine Zwiebeln 3 EL Olivenöl · ½ Gemüsebrühwürfel ½ TL Thymianblätter (frisch oder getrocknet) · ½ TL Oregano (frisch oder getrocknet) · 1 Pr. Meersalz · 1 Schale Rukolasprossen

- Die Aubergine waschen, den Strunk entfernen und in Scheiben schneiden. Die Zucchini waschen, den Strunk entfernen und in nicht zu dicke Streifen schneiden. Die Strauchtomaten waschen, putzen und achteln.
- Die Zwiebeln schälen und in kleine Ringe schneiden. Das Olivenöl in einem Topf erhitzen und die Zwiebeln darin glasig dünsten. Aubergine und Zucchini zugeben und leicht andünsten.
- Den halben Brühwürfel in einer Tasse Wasser auflösen und nach und nach zum Gemüse geben. Auf kleiner Flamme köcheln lassen, die Gewürze sowie die Tomaten dazugeben. Mit Rukolasprossen verziert servieren.

Zucchinipuffer an Auberginenkaviar

▶ **Für 2 Personen**

◷ **60 Min.**

4 mittelgroße Kartoffeln · 1–2 Zucchini · gemischte Kräuter der Saison · 3 EL Rapsöl · 1 kleine Aubergine · 1 Schalotte 8 schwarze Oliven · ½ EL Zitronenthymian · 1 EL Olivenöl 1 EL Kräuter der Provence · etwas Kerbel, Kräutersalz · frisch gemahlener weißer Pfeffer · 2 Salatblätter · 3–4 Cocktailtomaten

- Die Kartoffeln waschen, im Gemüsedämpfer garen, schälen und mit einer Gabel oder einem Kartoffelstampfer zerdrücken.
- Die Zucchini waschen und raspeln. Die Kartoffeln und die Zucchini mit Kräutersalz und den gemischten Kräutern mischen und alles kurz durchziehen lassen.
- Das Rapsöl in der Pfanne heiß werden lassen, die Zucchini-Kartoffel-Masse esslöffelweise in die Pfanne geben und ein wenig flach drücken. Von beiden Seiten bei mittlerer Hitze etwas anbraten.
- Die Aubergine halbieren, im Gemüsedämpfer garen und mit dem Löffel ausschaben. Die Schalotte und die Oliven sehr fein hacken, Zitronenthymian waschen und sehr klein hacken. Das Auberginenfleisch mit der Zwiebel, den Oliven, dem Öl, Thymian und den Gewürzen vermischen und pürieren.
- Die Puffer in der Mitte des Tellers anrichten, 2 EL Auberginenkaviar auf ein Salatblatt daneben legen und mit halbierten Cocktailtomaten verzieren.

Zucchini mediterran mit schwarzen Oliven

▶ Für 2 Personen
⊘ 15 Min.

4 kleine Zucchini · 1 Lauchzwiebel
3 EL Olivenöl · frisch gemahlener
schwarzer Pfeffer · Meersalz · Kräuter
der Provence · 4 schwarze ungefärbte
Oliven · 3 Cocktailtomaten

- Die Zucchini waschen, den Strunk
  entfernen und die Zucchini längs in
  dünne Scheiben schneiden.
- Die Lauchzwiebel schälen, waschen
  und in Ringe schneiden. Zwiebel
  und Zucchini in Olivenöl andünsten
  und mit Pfeffer, Meersalz und den
  Kräutern abschmecken.
- Die Oliven in Ringe schneiden, Tomaten waschen und achteln. Die
  Oliven und die Tomatenachtel am
  Ende der Garzeit zu den Zucchini
  geben, damit sie nur kurz erwärmt
  werden.

Zitronenthymiankartoffeln aus dem Ofen

▶ Für 2 Personen
⊘ 25 Min.

12 kleine neue Kartoffeln · 2 EL Olivenöl · 1 EL Zitronenthymianblätt-
chen · Kräutersalz · 1 Pr. frisch
gemahlener schwarzer Pfeffer

- Die Kartoffeln mit der Gemüsebürste unter fließendem Wasser
  säubern und halbieren. Das Olivenöl mit dem Zitronenthymian,
  Kräutersalz und Pfeffer mischen.
- Die Kartoffelschnittflächen damit
  bestreichen. Die Kartoffeln im
  Backofen bei 190 Grad etwa 15 Min.
  backen und kross, aber nicht zu
  braun werden lassen.

▶ Variante: Sie können auch eine andere Kartoffelsorte verwenden, z.B.
  Bamberger Hörnchen oder Galatina
  Sieglinde. La Ratte ist eine besonders kleine und leckere Kartoffelsorte aus Frankreich, die es das
  ganze Jahr über gibt. Bamberger
  Hörnchen ist die deutsche Variante
  davon und nur im Herbst und
  Winter zu bekommen. Galatina
  »Sieglinde« kommt aus Italien und
  ist bis ins Frühjahr erhältlich.

Zucchinipuffer mit Steinpilzragout

▶ Für 2 Personen
⊘ 60 Min.

1–2 Zucchini · 4 Kartoffeln · gemischte Kräuter der Saison · Kräutersalz · 4 EL Sonnenblumenöl
2–3 mittelgroße Steinpilze · 1 kleine
Schalotte · wenig Gemüsebrühe
Glattpetersilie · Kerbel · Schnittlauch

- Die Kartoffeln waschen, im Gemüsedämpfer garen, schälen und
  zerdrücken.
- Die Zucchini waschen und raspeln.
  Die Kartoffeln und die Zucchini mit
  Kräutersalz und den gemischten
  Kräutern mischen und alles kurz
  durchziehen lassen.
- 2 El Öl in der Pfanne heiß werden
  lassen, die Zucchini-Kartoffel-Masse esslöffelweise in die Pfanne geben und ein wenig flach drücken.
  Von beiden Seiten bei mittlerer
  Hitze etwas anbraten.
- Für das Steinpilzragout die Steinpilze mit einem Küchentuch abreiben – nicht waschen –, in dünne
  Scheiben schneiden. Die Schalotte
  schälen und fein schneiden. Zusammen mit den Pilzen 3–4 Min.
  in Öl anbraten.
- Kräuter waschen und klein hacken.
  Etwas Gemüsebrühe, die Kräuter
  und die Gewürze zugeben und das
  Ragout zusammen mit den Zucchi-
  nipuffern sofort servieren.

Zucchinispaghetti mit Limonenseitlingen

▶ Für 2 Personen

🕐 20 Min.

2 mittelgroße gerade Zucchini · 150 g Limonenseitlinge
1 Schalotte · 4 EL Olivenöl · einige Stängel frische Glattpetersilie · etwas Kräutersalz

- Die Zucchini waschen, den Strunk abschneiden und die Zucchini mit der Gemüsespaghettimaschine (S. 35) zu Spaghetti drehen.
- Die Limonenseitlinge grob säubern, in kleine Scheiben schneiden (die ganz kleinen Seitlinge können ganz blei-ben). Die Schalotte schälen und in kleine Würfel schnei-den.
- 2 EL Olivenöl erhitzen, die Schalotte mit den Limonen-seitlingen kurz andünsten.
- Die Glattpetersilie waschen, mit dem Wiegemesser sehr klein hacken und zu den gedünsteten Limonenseitlingen geben. Die Mischung mit sehr wenig Kräutersalz ab-schmecken.
- In einem anderen Topf das restliche Öl erhitzen, die Zuc-chinispaghetti darin andünsten und mit etwas Kräutersalz würzen. Vorsicht, die Zucchini sind in Spaghettiform schnell gar. Die Zucchini auf einer Platte anrichten und die Limonenseitlinge darüber verteilen.

TIPP

Limonenseitlinge sind so würzig, dass sie nur wenig Kräutersalz benötigen.

Zuckerschoten an einem Ragout von Kräuterseitlingen

▶ Für 2 Personen

🕐 20 Min.

300 g Zuckerschoten · 2 kleine Karotten · 150 g Kräuterseitlinge · 1 Schalotte · 4 EL Sonnenblumenöl · 1 Hand voll
frische Glattpetersilie · 1 EL Sesamsalz · etwas Galgant
etwas frisch gemahlener schwarzer Pfeffer · ½ Tasse Wasser
5 Cocktailtomaten

- Die Zuckerschoten waschen und die Enden abschneiden.
- Die Karotten mit der Gemüsebürste unter fließendem Wasser reinigen und in dünne Stifte schneiden. Die Zuckerschoten und die Karotten im Gemüsedämpfer ca. 10 Min. garen.
- Die Kräuterseitlinge mit Küchenkrepp säubern und in dünne Scheiben schneiden.
- Die Schalotte schälen, sehr klein schneiden und in 2 EL Sonnenblumenöl glasig dünsten. Die Gewürze und die Kräuterseitlinge unter Umrühren dazugeben.
- Die Glattpetersilie waschen, klein hacken und am Ende der Garzeit unter die Kräuterseitlinge mischen. 2 EL Son-nenblumenöl mit etwas Sesamsalz und etwas Pfeffer ver-mischen und unter die gedünsteten Zuckerschoten und Karotten geben.
- Die Tomaten waschen, halbieren und am Ende der Garzeit mit der Glattpetersilie unter die Kräuterseitlinge mischen. Zum Servieren das Pilzragout neben oder auf die Zucker-schoten legen, zum Verzehren das Pilzragout untermi-schen.

◀ Zucchinispaghetti mit Limonenseitlingen.

Brokkolipfanne mit Karottenspaghetti und Spinat

▶ **Für 2 Personen**

⊙ **25 Min.**

2 große gerade Karotten · 1 Stange Lauch · 1 Hand voll frische Spinatblätter · 1 kleiner Brokkoli · 3 EL Sesamöl · 1 EL Sesamsalz · ½ TL Mangopulver · Kurkuma · gemahlener Kreuzkümmel · Galgant · frisch gemahlener schwarzer Pfeffer Bockshornklee gemahlen · gemahlener Koriander · 1 Hand voll frische Glattpetersilie

▬ Die Karotten unter fließendem Wasser mit der Gemüsebürste säubern, die Enden gerade schneiden und die Karotten nacheinander mit der Gemüsespaghettimaschine (S. 35) zu Spaghetti verarbeiten.

▬ Lauch gründlich waschen, die Wurzel abschneiden, den Lauch der Länge nach vierteln und die Lauchstreifen ca. 7 cm lang schneiden. Den Spinat waschen, ausputzen und etwas klein schneiden.

▬ Den Brokkoli waschen, in Röschen zerteilen und die Röschen halbieren. Den Lauch im Sesamöl zusammen mit den Gewürzen andünsten.

▬ Brokkoliröschen, Karottenspaghetti und Spinat dazugeben und unter Umrühren garen – das dauert nur wenige Minuten.

▬ Die Petersilie waschen, fein schneiden und vor dem Servieren über das Gemüse verteilen.

Brokkolipüree mit Urkarotten

▶ Für 2 Personen

🕐 30 Min.

2 mittelgroße Urkarotten · 2 Zwiebeln · 3–4 große Kartoffeln
1½ Gemüsebrühwürfel · 2 mittelgroße Brokkoli · 2 EL Sonnenblumenöl · etwas Kräutersalz · etwas weißer Pfeffer
1 Pr. Muskatnuss · etwas Koriander · 1 EL Brokkolikeimlinge

- Die Urkarotten mit der Gemüsebürste unter fließendem Wasser abbürsten und in Scheiben schneiden. Im Gemüsedämpfer wenige Minuten garen und zur Seite stellen. Zwiebeln schälen, klein schneiden und ebenfalls zur Seite stellen.
- Die Kartoffeln waschen, schälen und in grobe Scheiben schneiden. Die Brokkoliröschen waschen, grob zerkleinern und zusammen mit den Kartoffeln im Gemüsedämpfer in wenigen Minuten garen.
- Brokkoli und Kartoffeln in einen Topf geben. Im Sud vom Boden des Gemüsedämpfers die Brühwürfel auflösen, einen Teil der Flüssigkeit in den Topf geben und mit dem Zauberstab pürieren. Nach und nach so viel Gemüsebrühe dazugeben, bis das Püree schön cremig ist. Mit den Gewürzen abschmecken, eventuell noch nachwürzen und mit Brokkolikeimlingen verzieren.
- In einem zweiten Topf das Sonnenblumenöl erhitzen. Die Zwiebeln darin glasig dünsten und die gegarten Karotten darin schwenken, bis sie wieder erwärmt sind. Das Brokkolipüree auf einen Teller geben und die Urkarotten in einem Halbkreis um das Püree anrichten.

Hokkaido mit Erbsen und Igel-Stachelbart

▶ Für 2 Personen

🕐 35 Min.

2 Hand voll frische Erbsen · wenig Gemüsebrühe · 1 kleiner
Hokkaidokürbis · 2 Lauchzwiebeln · 2 EL Sonnenblumenöl
1 Hand voll Igel-Stachelbart · Kräutersalz · frisch gemahlener
weißer Pfeffer

- Die Erbsen aus ihren Schalen lösen, die Erbsen waschen und in etwas Gemüsebrühe weich dünsten.
- Den Hokkaido mit der Gemüsebürste unter fließendem Wasser bürsten, die Kerne entfernen und das Kürbisfleisch ungeschält in kleine Streifen schneiden. Beiseite legen.
- Die Lauchzwiebeln waschen, schälen, klein schneiden und im erhitzten Öl andünsten. Den Hokkaido dazugegeben und unter ständigem Rühren dünsten. Je nachdem, wie dünn der Hokkaido geschnitten ist, braucht er 15–20 Min., bis er gar ist.
- Den Igel-Stachelbart klein schneiden und gegen Ende der Garzeit zugeben. Und alles mit Kräutersalz und Pfeffer abschmecken.

Tipp

Igel-Stachelbart oder Pom-Pom blanc ist ein aus China stammender sehr leckerer Pilz. Er enthält viele essenzielle Aminosäuren, Mineralstoffe sowie Zink, Selen und Eisen. Leider ist er nur selten auf dem Markt zu finden.

Mangoldröllchen mit Kürbisfüllung

▶ **Für 2 Personen**
⏱ **35 Min.**

1 sehr kleiner Hokkaidokürbis · 1 mittelgroße Kartoffel
4 kleine Mangoldblätter · ½ Bund gemischte Kräuter
(Glattpetersilie oder Schnittlauch) · 1 Tasse Wasser · etwas
Muskat · etwas frisch gemahlener weißer Pfeffer · etwas
Kräutersalz

- Den Hokkaidokürbis mit der Gemüsebürste unter fließendem Wasser abbürsten, die Kerne herausschaben und ungeschält in grobe Stücke schneiden.
- Die Kartoffel waschen, schälen und in Stücke schneiden. Die Kürbis- und Kartoffelstücke im Gemüsedämpfer ca. 8–10 Min. garen.
- Mangoldblätter waschen und im Gemüsedämpfer in wenigen Minuten garen. Die Kräuter waschen und sehr fein hacken. Die Kürbis- und Kartoffelstücke mit etwas Wasser mit dem Zauberstab pürieren, die Gewürze und Kräuter dazugeben und vermischen. Geben Sie nur wenig Wasser dazu, damit die Masse sehr fest bleibt.
- Je nach Größe der Mangoldblätter 2–3 EL Kürbis-Kartoffel-Creme auf ein Mangoldblatt setzen und das Blatt aufrollen. Die Rolle kann mit einem Zahnstocher festgehalten werden.

▶ **Variante:** Wenn Sie noch ein bisschen Pep bei diesem Rezept benötigen, können Sie ein wenig Tomatensalsa (S. 111) dazugeben.

Spaghettikürbis mit Tahinsauce

▶ **Für 2 Personen**
⏱ **50 Min.**

1 kleiner Spaghetti-Kürbis · 3 EL Tahin (z. B. von der Firma Rapunzel) · 2 EL Zitronensaft · 1 Msp. Cayennepfeffer
1 Msp. schwarzer Pfeffer · 2 EL Sonnenblumenöl · 4 EL Gemüsebrühe · Kürbiskerne · ½ Bund Schnittlauch

- Den Kürbis in reichlich Wasser ca. 30 Min. kochen (er muss sich leicht mit einer Gabel einstechen lassen).
- Die Sesampaste mit dem Zitronensaft, den Gewürzen und dem Öl in einer Schüssel gut verrühren. Den gegarten Kürbis der Länge nach halbieren, Samen und lose Fäden mit einem Löffel entfernen. Mit einer Gabel die »Spaghetti« herausschaben.
- Die Gemüsebrühe in einem kleinen Topf erhitzen und zu der Tahinsauce geben. Diese Sauce über die »Spaghetti« gießen und vermischen.
- Kürbiskerne ohne Fett in einer Pfanne anrösten und mit dem fein gehackten Schnittlauch über die Spaghetti streuen.

▶ **Info:** Tahin ist ein Sesammus und wird viel in arabischen und asiatischen Ländern gegessen. Es ist die typische Zutat für Hummus, ein Kichererbsenpüree. Es enthält alle Vorzüge des Sesams, nämlich viel Kalzium, Magnesium und Eisen. Tahin gibt es mit und ohne Salz von der Firma Rapunzel in Naturkostläden zu kaufen.

◀ **Mangoldröllchen mit Kürbisfüllung.**

GEMÜSEGERICHTE FÜR MITTAGS UND ABENDS

Kürbispfanne mit frischen Kräutern

▶ Für 2 Personen
🕐 15 Min.

1 kleiner Hokkaidokürbis · 2–3 EL Sonnenblumenöl · 1 Hand voll frische Kräuter · etwas Kräutersalz · etwas weißer Pfeffer

■ Den Hokkaido mit der Gemüsebürste unter fließendem Wasser gut abbürsten, die Kerne entfernen und das Kürbisfleisch erst in einige grobe Stücke und dann in sehr dünne kleine Scheiben schneiden.
■ Das Öl in einer Pfanne erhitzen und die Hokkaidoscheiben unter ständigem Umrühren darin garen.
■ Die Kräuter waschen, klein hacken und am Ende der Garzeit zum Hokkaido geben. Mit den Gewürzen abschmecken und servieren.

TIPP

Dieses Gericht können Sie auch im Wok zubereiten.

Lauch brunoise mit getrockneten Herbsttrompeten

▶ Für 2 Personen
🕐 35 Min.

3 Stangen Lauch · 1 mittelgroße Karotte · 2 EL Sonnenblumenöl 1 Tasse Gemüsebrühe · Kräutersalz weißer Pfeffer · etwas Endoferm (Kräutermischung aus dem Reformhaus, verbessert die Verdaulichkeit von Lauch) · 2 TL getrocknete Herbsttrompeten (wahlweise Steinpilze)

■ Die Lauchstangen waschen und den Lauch sehr fein würfeln (»brunoise«). Die Karotte mit der Gemüsebürste abbürsten, waschen und ebenfalls klein würfeln. Die Gemüse im Sonnenblumenöl dünsten und mit der Gemüsebrühe und den Gewürzen würzen.
■ Vor dem Servieren die getrockneten Herbsttrompeten darüberstreuen. Dazu können Sie 2 Pellkartoffeln reichen.

TIPP

Als essbare Dekoration eignen sich auch sehr gut 1–2 Zucchiniblüten.

Morcheln auf einem Bett von Kohlrabispaghetti

▶ Für 2 Personen
🕐 60 Min.

Je 1 roter und weißer Kohlrabi 150 g frische Morcheln · 1 Lauchzwiebel · frisch gemahlener schwarzer Pfeffer · Kräutersalz · 3 EL Rapsöl 0,25 l Gemüsebrühe · 1 Bund Kräuter (Kerbel, Bibernell, Petersilie)

■ Die Kohlrabi waschen, schälen und mit einer Gemüsespaghettimaschine (S. 35) zu langen Spaghetti drehen. Die Morcheln mit Küchenkrepp abtupfen und in kleine Streifen schneiden.
■ Die Lauchzwiebel waschen, schälen, klein würfeln und mit den Morcheln und den Gewürzen im Öl andünsten. Die Kohlrabispaghetti und die Gemüsebrühe dazugeben und wenige Minuten weiter dünsten.
■ Die Kräuter waschen, sehr fein hacken und zur Kohlrabi-Morchel-Mischung geben.

Roter Mangold mit Kastanienflocken

▶ Für 2 Personen
🕐 20 Min.

1 kleiner roter Mangold (alternativ grüner Mangold) · 1 Schalotte 2 EL Olivenöl · 1 TL Sesamsalz · etwas gemahlene Senfsaat · etwas gemahlener Bockshornklee · frisch gemahlener schwarzer Pfeffer · etwas Galgant · ½ Tasse Wasser · 2 EL Kastanienflocken (alternativ 1 Hand voll gekochte Maroni)

- Die Mangoldblätter waschen und in dünne Streifen schneiden.
- Die Schalotte schälen und klein hacken. Das Olivenöl vorsichtig erhitzen und die Zwiebel mit den Gewürzen darin glasig dünsten.
- Die Mangoldstreifen und eine halbe Tasse Wasser dazugeben. Nach wenigen Minuten ist der Mangold gar – evtl. noch ein wenig Wasser dazugeben.
- Am Ende der Garzeit die Kastanienflocken untermischen.

Tipp
Wenn Sie sehr hungrig sind, können Sie 2–3 kleine Pellkartoffeln dazu essen.

Selleriegemüse mit Brokkoli

▶ Für 2 Personen
🕐 20 Min.

1 kleiner Knollensellerie · einige Brokkoliröschen · Kräutersalz · frisch gemahlener weißer Pfeffer · 2 EL Sonnenblumenöl · 1 EL Mandelblättchen

- Sellerie schälen, waschen und in kleine Streifen schneiden. Brokkoli waschen.
- Zuerst die Selleriestreifen in das Sieb des Gemüsedämpfers legen und nach wenigen Minuten die Brokkoliröschen dazugeben.
- Die Gewürze mit dem Öl vermischen. Selleriestreifen darin wälzen.
- Die Gemüse getrennt voneinander auf einem Teller anrichten und die Mandelblättchen darüber verteilen.

Thymiankartoffeln »La Ratte« an Olivenpüree

▶ Für 2 Personen
🕐 50 Min.

6 Kartoffeln »La Ratte« · 2 EL Zitronenthymian · Kräutersalz · 3 EL Olivenöl · je 12 grüne und schwarze Oliven · Kräuter der Provence

- Die Kartoffeln unter fließendem Wasser mit der Gemüsebürste säubern und halbieren. Den Zitronenthymian waschen und mit etwas Kräutersalz mischen.
- Die Kartoffeln mit Olivenöl bestreichen und in den Thymianblättchen wälzen.
- Die Kartoffeln im Backofen bei 190 Grad etwa 25 Min. backen und kross werden lassen.
- Die Oliven mit den Kräutern mischen, pürieren und zu den »Thymianratten« servieren.

Tipp
Das Olivenpüree schmeckt auch prima zu Pellkartoffeln, wenn es mal schneller gehen muss.

Basische Früchteplätzchen

▶ **Für 2 Personen**

⊙ **45 Min.**

75 g Erdmandelflocken (Chufas Nüssli) · 25 g geschroteter Leinsamen · 250 ml Quellwasser · 50 g gemahlene Mandeln 25 g gehobelte Mandeln · 1 EL Sonnenblumenöl · 30 g Rosinen · 30 g Trockenpflaumen · 30 g Trockenaprikosen 30 g Trockenfeigen

- Die Erdmandelflocken und den geschroteten Leinsamen in dem Quellwasser einweichen und mindestens 1 Stunde quellen lassen.
- Die getrockneten Pflaumen, die Feigen und die getrockneten Aprikosen ganz klein schneiden. Alle Zutaten miteinander verrühren.
- Ein Backblech mit Backpapier auslegen und aus dem Teig Häufchen formen. Auf der mittleren Schiene in den Backofen schieben. Mit Umluft bei ca. 160 Grad oder mit Ober- und Unterhitze bei ca. 190 Grad 15–20 Min. trocknen lassen.

▶ **Info:** Dieses Rezept verdanke ich einer Kursteilnehmerin, die von Basenfasten so begeistert war, dass sie ganz kreativ wurde und basische Plätzchen entwickelt hat, die superlecker schmecken.

Basisches für Gäste

Bei den folgenden basischen Gerichten werden Ihre Gäste kaum merken, dass sie keine Säurebildner auf dem Teller haben, weil die Speisen allein auch ohne Fleisch oder Getreideprodukte köstlich schmecken.

Mediterranes basisches Büfett

Basisches satt für ein mediterranes Büfett – das schmeckt Ihren Gästen so gut, dass sie kaum merken werden, dass sie lauter Basenbildner auf dem Teller haben. Gerade im Sommer, wenn Zucchini und Co. reif werden, greifen alle gerne zu Gemüse-Antipasti.

- Carpaccio von Steinpilzen mit roter Melde (S. 74)
- Carpaccio von Zucchini mit Zitronenthymian (S. 69)
- Basische Tapenade (S. 78)
- Eingelegte Champignons (S. 76)
- Fenchel an Pesto (S. 77)
- Antipasti aus Butternut mit Oliven (S. 76)
- Radicchio auf italienische Art (S. 81)
- Sommerlich marinierte Auberginen (S. 79)
- Zucchiniblüten in Olivenöl (S. 79)
- Sommerlicher Rukolasalat mit gedünsteten Samtfußrüpli (S. 73)
- Minestrone (S. 89)
- Mediterranes Gemüse al forno (S. 113)

Tipp

Hier finden Sie einige Antipasti, die Sie noch mit dem ein oder anderen Salat aus diesem Buch oder auch mit einem Süppchen erweitern können. Wenn das Büfett nicht zu 100 Prozent basisch sein soll, dann können Sie ein wenig Fisch oder Käse und Vollkornbaguette dazu reichen.

Pilzmenü für Spätsommer und Herbst

Das Pilzmenü ist so herzhaft lecker, dass ihre Gäste kaum Fleisch vermissen werden. Ob edle Steinpilze oder saftige Austernpilze – hier kommen Pilzfreunde voll auf ihre Kosten.

- Carpaccio von Steinpilzen mit roter Melde (S. 74)
- Eichblattsalat mit sautierten Limonenseitlingen (S. 62)
- Butternutcremesuppe mit Petersilienwurzel und sautierten Austernpilzen (S. 91)
- Hokkaido mit Erbsen und Igel-Stachelbart (S. 119)

Trüffelmenü für den Winter

Dieses Menü wird alle Feinschmecker begeistern, denn Trüffel gehört zu den Basenbildnern. Wenn Sie daher Ihren Gästen mal was ganz Exklusives bieten wollen, müssen Sie nicht zu Säurebildnern greifen – es geht auch basisch.

- Rotkohl-Orangen-Walnuss-Rohkost (S. 65)
- Getrüffelte Schwarzwurzelsuppe (S. 85)
- Kohlrabispaghetti mit Spinat und schwarzem Trüffel (S. 105)

Die Zeit nach dem Basenfasten

Eine Woche Basenfasten ist eine Woche voll von Ideen und Anregungen, wie man gesund und lecker essen kann und dabei schlank wird. Retten Sie diese Ideen in Ihren Alltag – und Gesundheits- und Gewichtsprobleme gehören der Vergangenheit an. Beachten Sie die Tipps auf den folgenden Seiten, damit Ihre alten Gewohnheiten keine Chance mehr haben.

Langsam Säurebildendes wieder mit aufnehmen

Wenn Sie sich Ihren Erfolg erhalten möchten, sollten Sie Säurebildner nur langsam wieder in Ihren Speiseplan aufnehmen. Die gesunden Basenbildner, also Obst, Salate, frische Kräuter und Gemüse, sollten aber weiterhin so oft wie nur irgend möglich auf Ihrem Teller sein.

Säurebildner in Maßen genießen

Soja- und in geringem Umfang Milchprodukte können Sie jetzt wieder in Ihren Speiseplan aufnehmen. Aber achten Sie darauf, den Verzehr von Milchprodukten nicht zu übertreiben, denn in hohen Mengen belasten sie den Stoffwechsel und die Verdauung. Sojaprodukte sind eigentlich keine Säurebildner, aber durch ihre hohe Eiweißkonzentration schwer verdaulich und deshalb zumindest während des Basenfastens nicht geeignet. Die gesunden Basenbildner – Obst, Salate, frische Kräuter und Gemüse – sollten jetzt so oft wie nur irgend möglich auf Ihrem Teller sein. Ideal wäre es, wenn 80 Prozent dessen, was Sie täglich essen und trinken, Basen bildete. Die restlichen 20 Prozent dürfen dann Brot, Pasta, Käse, Fleisch, Fisch, Kaffee oder andere Säurebildner sein. Das ist mit 80:20-Regel (S. 14) gemeint. Mit anderen Worten: Sie dürfen eigentlich alles wieder essen – nur nicht mehr so viel davon. Schon allein dadurch, dass Sie nicht mehr so viele Säurebildner verzehren, tun Sie Ihrem Stoffwechsel und Ihren Organen auf Dauer etwas Gutes.

Gute Säurebildner

Es ist natürlich nicht ganz egal, welche Säurebildner Sie verzehren. Es macht einen Unterschied, ob Sie täglich 20 Prozent mit Cola, Kaffee, Brötchen und Süßigkeiten füllen, oder ob die 20 Prozent aus Vollkornbrot, Hirse oder aus Hülsenfrüchten bestehen. Denn neben der Eigenschaft, Säuren oder Basen zu bilden, spielen auch die Nährstoffe der Lebensmittel eine wichtige Rolle, und Vollkornbrot enthält unangefochten mehr Nährstoffe als eine Tasse Kaffee oder als ein Stück Schokolade. Ich unterscheide daher zwischen guten und schlechten Säurebildnern. Gute Säurebildner haben trotz ihrer Säurewirkung einen großen gesundheitlichen Wert und gehören zu einer gesunden und basenreichen Ernährung dazu. Als gute Säurebildner bezeichne ich diejenigen Lebensmittel, die nur schwache Säurebildner sind und dem Körper nebenbei jede Menge wertvoller Vitalstoffe liefern und wenig den Stoffwechsel belastende Zusatzstoffe enthalten. Auf lange Sicht sollten Sie

sich mit vielen Basenbildnern und einem 20- bis 30-prozentigen Anteil an guten Säurebildnern ernähren. Wenn Sie das nicht ganz schaffen und immer mal wieder sogenannte schlechte Säurebildner auf Ihrem Teller landen, dann ist das nicht tragisch, solange Sie immer wieder genügend Basenbildner verzehren und der Anteil an schlechten Säurebildnern nicht dauerhaft zu hoch ist. Zu den guten Säurebildnern zählen:

- Vollkorngetreide
- Hülsenfrüchte: Linsen, Bohnen, Mungobohnen, Adzukibohnen, Sojabohnen, Kichererbsen
- Nüsse (nur Mandeln und frische Walnüsse sind basenbildend)
- Sojaprodukte
- Artischocken, Spargel, Rosenkohl
- grüner und weißer Tee

Schlechte Säurebildner

Schlechte Säurebildner belasten den Stoffwechsel mehr als die guten Säurebildner. Sie müssen Ihnen nicht generell die rote Karte zeigen, sollten Sie aber immer im Auge haben. Sie haben fatalerweise die Tendenz, überall ge-

genwärtig zu sein: am Kiosk, im Restaurant, bei Einladungen, im Supermarkt. Achten Sie daher darauf, sie nur sehr begrenzt zu verzehren. Wenn Sie etwa 2- bis 3-mal in der Woche Fleisch oder Fisch essen, ist das völlig in Ordnung. Wenn Sie dazu aber Berge von Nudeln verdrücken, eine Limo dazu trinken und hinterher ein Stück Kuchen essen, dann ist das ein Cocktail aus schlechten Säurebildnern und definitiv zu viel. Obwohl man Fleisch immer wieder als gesund preist, gehören Fleisch und alle Nahrungsmittel mit tierischem Eiweiß zu den schlechten Säurebildnern. Nahrungsmittel mit tierischem Eiweiß weisen eine stärkere Säurebildung auf als Nahrungsmittel auf pflanzlicher Basis wie Getreideprodukte oder Hülsenfrüchte. Die Auswirkungen auf den Stoffwechsel bei übermäßigem Fleisch- und Fischverzehr sind daher gravierender als bei übermäßigem Verzehr der guten Säurebildner wie Vollkorngetreide.

Wenn Sie in Zukunft darauf achten, den Anteil der tierischen Eiweiße und anderer schlechter Säurebildner zu reduzieren, und dafür mehr Obst und Gemüse essen, dann war diese Basenfastenkur ein echter langfristiger Erfolg für Sie. Und Sie müssen dabei nicht auf die schönen Seiten des Lebens verzichten. Wichtig ist mir nur, dass Sie wissen, was Sie tun, wenn Sie sich in Zukunft einen Espresso einverleiben – solange es nicht 5 am Tag sind, wird das Ihr Stoffwechsel auch noch tolerieren können. Zu den schlechten Säurebildnern zählen:

- Getränke: Softdrinks, Cola, Alkoholische Produkte, Kaffee, schwarzer Tee
- Zucker und alle zuckerhaltigen Lebensmittel
- Weißmehlprodukte, Teigwaren aus Weißmehl, Haferflocken als Schmelzflocken
- weißer Reis, polierter Reis, Cornflakes mit Zusätzen wie Zucker
- Milchprodukte
- Fleisch und Wurst: Innereien, Wurst, Schinken, Fleisch von Rind, Kalb, Lamm, Ziege, Schwein, Geflügel (auch Strauß, Taube, Wachtel), Wild
- Meeresfrüchte, Meeresfisch, Zuchtfisch, Fisch aus Biozucht

Fleisch: ja oder nein?

Ob Fleisch, Fisch und Milchprodukte zu einer ausgewogenen Ernährung gehören, darüber kann man sich streiten. Ich meine, Milchprodukte sind in kleinen Mengen vertretbar. Auch ein Fischgericht, einmal die Woche, ist im Rahmen einer ausgewogenen Ernährung zu empfehlen. Immer wieder hat man in den letzten Jahren versucht, uns davon zu überzeugen, wie lebenswichtig Fleisch und Milchprodukte für unsere Gesundheit seien. Seit Jahren häufen sich jedoch Studienergebnisse, die allesamt eindeutig belegen, dass Vegetarier länger leben und viel seltener an zivilisationsbedingten Schädigungen wie Arteriosklerose, Bluthochdruck, Herzinfarkt, Gicht und Rheuma leiden. Welche Konsequenz zieht man nun

aus solchen Ergebnissen? Wenn Sie sich nicht viel aus Fleisch und Wurstwaren machen, dann essen Sie diese so selten wie möglich. Sie leben mit zu wenig Fleisch in jedem Fall gesünder als mit zu viel. Dasselbe gilt für Milchprodukte. Und: keine Panik vor Eiweißmangel! Wenn Sie sich wirklich abwechslungsreich vegetarisch ernähren, dann ist Ihre Ernährung ausgewogen. Wichtig ist die Abwechslung – gemäß dem Motto der Ernährungswissenschaftler: »Essen Sie bunt« – gemeint sind nicht Smarties, sondern Obst, Gemüse, Kräuter und Sprossen.

Zusatzstoffe und Co.

Zusatzstoffe wie Farbstoffe, Aromastoffe, Antioxidanzien, Geschmacksverstärker und Emulgatoren finden sich heute in den meisten Nahrungsmitteln. Sie werden allgemein sehr verharmlost und so genau weiß man nicht, ob nicht die Zunahme an Nahrungsmittelunverträglichkeiten mit ihnen zusammenhängen kann. Viele dieser Stoffe wirken nicht direkt säurebildend, belasten aber den Stoffwechsel zusätzlich. Wenn Sie überwiegend frische Lebensmittel selbst zubereiten, können Sie Zusatzstoffe weitgehend vermeiden. Tatsache ist, dass viele Menschen auf Geschmacksverstärker empfindlich bis allergisch reagieren – bekannt als »China-Restaurant-Syndrom«. Meiden Sie daher Produkte, die Geschmacksverstärker wie Guanylat und Glutamat enthalten.

129

So erhalten Sie sich Ihren Erfolg

Auf der Grundlage der Ernährungspyramide der Deutschen Gesellschaft für Ernährung (DGE) habe ich eine sogenannte Säuren-Basen-Pyramide entwickelt. Diese Pyramide gibt die optimalen Mengenverhältnisse der Nahrungsgruppen im Hinblick auf den Säure-Basen-Haushalt an. Die Basis der täglichen Nahrungsmittel bilden Gemüse, Kräuter, Keimlinge und Obst. Optimal ist es, wenn die Nummern 1 bis 3 insgesamt 80 Prozent Ihrer

Ernährung einnehmen und die unter 4 und 5 genannten Lebensmittel sich nur zu maximal 20 Prozent in Ihrer täglichen Nahrung finden – d. h. so wenig wie möglich. Das entspricht der Ernährung nach der sogenannten 80:20-Regel.

▼ Basenpyramide. Die Pyramide zeigt, wie Ihre Ernährung nach dem Basenfasten aussehen sollte.

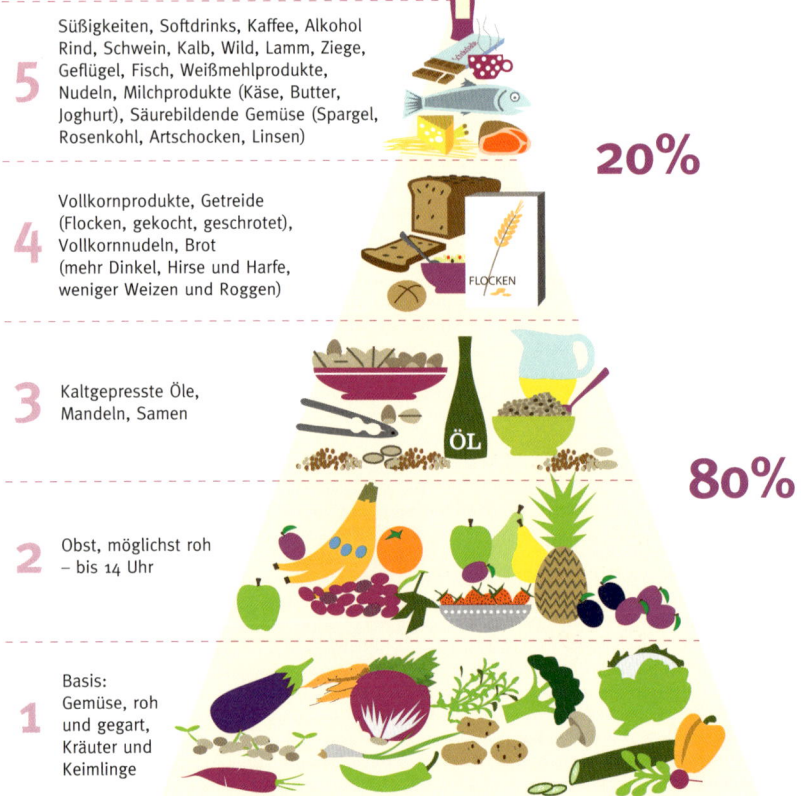

5 Süßigkeiten, Softdrinks, Kaffee, Alkohol Rind, Schwein, Kalb, Wild, Lamm, Ziege, Geflügel, Fisch, Weißmehlprodukte, Nudeln, Milchprodukte (Käse, Butter, Joghurt), Säurebildende Gemüse (Spargel, Rosenkohl, Artschocken, Linsen)

20%

4 Vollkornprodukte, Getreide (Flocken, gekocht, geschrotet), Vollkornnudeln, Brot (mehr Dinkel, Hirse und Harfe, weniger Weizen und Roggen)

3 Kaltgepresste Öle, Mandeln, Samen

80%

2 Obst, möglichst roh – bis 14 Uhr

1 Basis: Gemüse, roh und gegart, Kräuter und Keimlinge

Planen Sie jetzt schon Ihre nächste Basenfastenwoche

Wenn Sie sich langfristig gesund erhalten wollen, dann reicht einmal basenfasten natürlich nicht aus. Die Erfahrung zeigt, dass ein- bis 2-mal im Jahr basenfasten für 1 oder 2 Wochen ideal ist. Ob Sie nun genau nach 6 Monaten oder erst nach 8 Monaten wieder eine Basenfastenwoche einlegen, das hängt von Ihrem Lebensstil, Ihren persönlichen Lebensumständen und Ihrem Gesundheitszustand ab. Wichtiger aber ist, wann Sie persönlich das Bedürfnis nach einer Basenfastenkur haben. Spätestens dann wird es Zeit, nur noch Gemüse und Obst einzukaufen. Wenn Sie zu den Menschen gehören, die so etwas grundsätzlich nicht bemerken, dann planen Sie einfach Ihre nächste Basenfastenwoche, tragen Sie sich den Termin in den Kalender ein – so geht das Vorhaben nicht im Alltagsgewimmel unter. Doch bis zur nächsten Kur gibt es eine kleine Hilfestellung, wie Sie »Basisches« in Ihren Alltag integrieren können. Machen Sie diesen kleinen Check jeden Tag:

– Woher erhalte ich heute mein Obst und Gemüse?
– Wo baue ich heute meine Bewegung ein?
– Wie komme ich heute zu ausreichender Erholung?

Dieser Check jeden Tag hilft ungemein. So geht Ihnen das »basische Denken« in Fleisch und Blut über. Denn basisches Denken bezieht sich nicht nur auf Essen – auch Bewegung und Erholung gehören dazu.

Der basische Tag für zwischendurch

Die besten Vorsätze sind im Alltag nicht immer haltbar. Da gibt es Einladungen, Geburtstage, Feiertage, Urlaube, Frustessen und natürlich die gefürchteten Heißhungerattacken. Und schon ist es geschehen: Es sind mal wieder jede Menge Säurebildner auf dem Teller gelandet. Hier eine Latte macchiato, da ein Stück Kuchen, gestern Abend ein üppiges Abendessen mit Fleisch, Sauce, Nudeln und danach noch Tiramisu. Bevor Sie nun den Kopf in den Sand stecken und sagen: Na ja, irgendwann lege ich mal wieder eine Basenfastenwoche ein, sollten Sie das saure Übel gleich an der Wurzel packen. Legen Sie einfach hin und wieder einen rein basischen Tag ein. Ideal ist, wenn Sie einen zu 100 Prozent basischen Tag pro Woche schaffen. Das erfordert kaum Vorbereitung, und er lässt sich schnell und unkonventionell in den Alltag einbauen. So ein Tag entlastet und bügelt kleine Säuresünden aus. Ideal für einen Basenfastentag ist ein arbeitsfreier Tag, etwa ein Samstag.

Morgens:
- Trinken Sie nach dem Aufstehen 1 Glas heißes Wasser von Quellwasserqualität (kein Stadtleitungswasser!) oder 1 Tasse Ingwertee. Das reinigt und kurbelt die Verdauung an.
- Essen Sie zum Frühstück 1 Apfel oder 1 Banane oder trinken Sie einen frisch gepressten Saft. Verwenden Sie hierfür 1 oder 2 Karotten – sie entgiften die Leber.
- Kochen Sie sich die 1. Kanne Kräutertee (1 Beutel auf 1 l Quellwasser) und trinken Sie den Tee bis mittags auf. Sie können auch Wasser trinken.
- Kaufen Sie sich 2 bis 3 Gemüsesorten und 1 bis 2 Salatsorten der Saison, auf die Sie Lust haben.

Mittags:
- Bereiten Sie sich einen leckeren Rohkostteller aus grünem Salat und Karotten-, Navets- oder Rettichsalat mit einem basischen Dressing und frischen Sprossen. Im Sommer ist ein Tomatensalat mit Basilikum und Oliven lecker.
- Kochen Sie die 2. Kanne Kräutertee, die bis abends geleert sein muss.
- Machen Sie am Nachmittag einen ausgedehnten Spaziergang, joggen oder walken Sie oder gehen Sie schwimmen und anschließend in die Sauna.

Abends:
- Essen Sie noch vor 19 Uhr eine basische Gemüsesuppe oder ein kleines basisches Gemüsegericht. Gehen Sie an diesem Abend früh zu Bett.

Rezeptideen für die Zeit nach dem Basenfasten

Keine Sorge, wenn die Basenfastenzeit jetzt vorbei ist – dieses Buch begleitet Sie weiter. Alle Rezepte aus diesem Buch lassen sich »ansäuern«, sodass Sie auf der Grundlage dieser basischen Rezepte mit wenigen Handgriffen Gerichte zaubern können, die einen kleinen Säureanteil haben – ein wenig Käse, Reis, Nudeln oder Fisch. Die folgenden Beispiele zeigen Ihnen, wie das funktioniert.

Kohlrabispaghetti mit Spinat und Lammfilet

▶ Für 2 Personen
🕐 30 Min.

So verwandeln Sie das Rezept Kohlrabispaghetti mit Spinat und schwarzem Trüffel (S. 105).

Zutaten für das Rezept (S. 105, Trüffel und Spinat lassen Sie weg)
2 kleine Lammfilets (je 100 g)
Kräutersalz · frisch gemahlener Kubebenpfeffer oder schwarzer Pfeffer
1 TL Kräuter der Provence · 1 kleiner Zweig Rosmarin · 2 EL Olivenöl

- Die Kohlrabispaghetti wie auf S. 105 beschrieben zubereiten.
- Das Fleisch mit Pfeffer, Kräutersalz und den Kräutern der Provence einreiben. Zusammen mit dem Rosmarin im Olivenöl von beiden Seiten kurz anbraten, sodass es innen noch rosa ist.

Auberginengemüse mit Gnocchi

▶ Für 2 Personen
🕐 20 Min.

So verwandeln Sie das Rezept Auberginengemüse provençal (S. 109).

Zutaten für das Rezept (S.109)
250 g Gnocchi (Bio), Meersalz

- Das Auberginengemüse wie auf S. 109 beschrieben zubereiten.
- Wasser erhitzen, Salz dazugeben und die Gnocchi für wenige Minuten hineingeben. Sobald sie oben schwimmen, sind sie fertig und können abgeschüttet werden. Das Auberginengemüse über die Gnocchi verteilen.

Fenchel mit schwarzen Oliven und Schafskäse

▶ Für 2 Personen
🕐 20 Min.

So verwandeln Sie das Rezept Fenchel mediterran (S. 110).

Zutaten für das Rezept (S. 110), 200 g reiner Schafskäse (Bio)

- Den Fenchel wie auf S. 110 beschrieben zubereiten.
- Den Schafskäse in kleine Würfel schneiden, zur gedünsteten Tomaten-Zwiebel-Mischung geben, über den Fenchel verteilen und wenige Minuten im Backofen schmelzen.

◀ Kohlrabispaghetti mit Lammfilet – aber beachten Sie: Fleisch ist die Beilage!

Lauchgemüse mit Kräuterseitlingen und Belugalinsen

▶ **Für 2 Personen**

⊙ **30 Min.**

So verwandeln Sie das Rezept
Lauchgemüse mit Kräuterseitlingen (S. 99).

Zutaten für das Rezept (S. 99), **1 Tasse** Belugalinsen,
etwas Kräutersalz

- Das Lauchgemüse mit Kräuterseitlingen wie auf S. 99
  beschrieben zubereiten.
- Die Linsen waschen, abtropfen lassen und in 3 Tassen
  Wasser 20 bis 30 Min. köcheln lassen. Am Ende der Garzeit
  das Kräutersalz dazugeben.
- Das Lauchgemüse über die Linsen geben.

▶ **Info:** Weitere basische und basenreiche Rezepte finden Sie
  auch in meinem Buch »Basisch essen – leicht gemacht«.

Rezeptregister

DIE ZEIT NACH DEM BASENFASTEN

Stichwortverzeichnis

DIE ZEIT NACH DEM BASENFASTEN

Bibliografische Information der Deutschen Nationalbibliothek
Die Deutsche Nationalbibliothek verzeichnet diese Publikation in der Deutschen Nationalbibliografie; detaillierte bibliografische Daten sind im Internet über http://dnb.d-nb.de abrufbar.

Programmplanung: Uta Spieldiener
Redaktion und Bildredaktion: Anja Fleischhauer

Umschlaggestaltung und Innenlayout:
Cyclus · Visuelle Kommunikation, Stuttgart

Bildnachweis:
Umschlagfoto vorn: Stockfood
Umschlagfotos hinten: Chris Meier, Stuttgart
Abbildungen im Innenteil:
Fotolia, Silvia Bogdanski: S. 4 oben, 14; Fotolia, Vanessa Martineau: S. 29; Fotolia, Thorsten Schon: S. 16; Fotolia, souris49: S. 12; Chris Meier, Stuttgart: S. 4 unten, 5, 6, 8, 19, 20, 28, 32, 36, 39, 40, 42, 45, 49, 52, 54, 57, 63, 65, 66, 68, 71, 72, 77, 78, 80, 84, 86, 88, 90, 94, 96, 100, 102, 104, 106, 108, 111, 112, 114, 116, 118, 120, 124, 126, 132, 134; Stockfood: S. 3

Zeichnung S. 130: Daniela Sonntag, Stuttgart

2. vollständig überarbeitete Auflage 2010

© 2007, 2010 TRIAS Verlag in
MVS Medizinverlage Stuttgart GmbH & Co. KG
Oswald-Hesse-Straße 50, 70469 Stuttgart

Printed in Germany

Satz: Ziegler und Müller, Kirchentellinsfurt
gesetzt in: APP/3B2, Version 9.1 Unicode
Druck: AZ Druck und Datentechnik GmbH, Kempten

Gedruckt auf chlorfrei gebleichtem Papier

ISBN 978-3-8304-3685-0   2 3 4 5 6

Folgende Rezepte stammen aus der Zeitschrift »Vegetarisch fit«: Rotkohl-Orangen-Walnuss-Rohkost, Feines Brokkoli-Süppchen, Karotten-Kartoffel-Pfanne mit Mandeln, Feine Pestokartoffeln, Lauch-Shiitake-Gemüse, Zucchini mediterran mit schwarzen Oliven, Ananas-Kiwi-Shake.

SERVICE

Liebe Leserin, lieber Leser,

hat Ihnen dieses Buch weitergeholfen? Für Anregungen, Kritik, aber auch für Lob sind wir offen.
So können wir in Zukunft noch besser auf Ihre Wünsche eingehen. Schreiben Sie uns, denn Ihre Meinung zählt!

Ihr TRIAS Verlag
E-Mail Leserservice: heike.schmid@medizinverlage.de
Lektorat TRIAS Verlag, Postfach 30 05 04, 70445 Stuttgart, Fax: 0711 89 31-748

Saisonkalender Obst

Lebensmittel	JAN	FEB	MÄR	APR	MAI	JUN	JUL	AUG	SEP	OKT	NOV	DEZ
Ananas												
Äpfel								AUG	SEP	OKT	NOV	
Apfelbananen												
Apfelsinen												
Aprikosen							JUL	AUG				
Bananen												
Birnen								AUG	SEP	OKT	NOV	
Brombeeren							JUL	AUG	SEP			
Clementinen												
Cranberries												
Datteln												
Erdbeeren					MAI	JUN	JUL					
Granatäpfel												
Grapefruits												
Guaven												
Heidelbeeren							JUL	AUG				
Himbeeren						JUN	JUL	AUG	SEP			
Holunderbeeren									SEP	OKT		
Honigmelonen												
Johannisbeeren						JUN	JUL	AUG				
Kapstachelbeeren (Physalis)												
Khaki												
Kirschen						JUN	JUL	AUG				
Kiwis												
Kumquats												
Limetten												
Litchis												

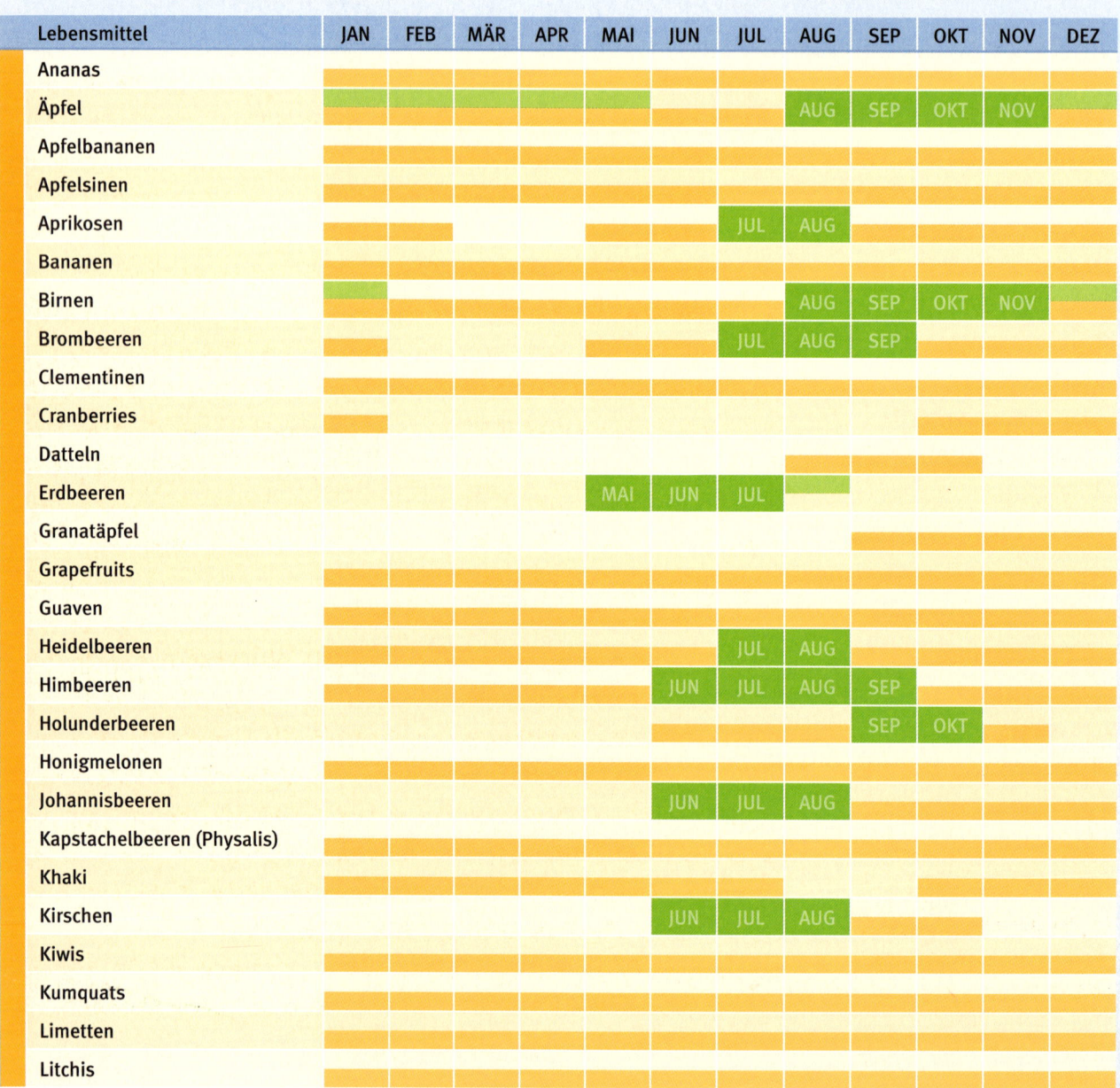